岭南学术思想丛书

林　雄　主编

顾作义　副主编

九江学派

晚清思想标本

李　辰【著】

南方传媒

广东人民出版社

·广州·

图书在版编目（CIP）数据

九江学派：晚清思想标本 / 李辰著 . —广州：广东人民出版社，2023.8
（岭南学术思想丛书）
ISBN 978-7-218-16062-7

Ⅰ . ①九… Ⅱ . ①李… Ⅲ . ①儒家—哲学学派—研究—广东—清后期 Ⅳ . ①B222.05

中国版本图书馆CIP数据核字（2022）第184708号

JIUJIANG XUEPAI：WANQING SIXIANG BIAOBEN
九 江 学 派：晚 清 思 想 标 本
李　辰　著

出 版 人：肖风华

策划编辑：梁　茵
责任编辑：陈　丹　古海阳
责任技编：吴彦斌　周星奎

出版发行：广东人民出版社
地　　址：广州市越秀区大沙头四马路10号（邮政编码：510199）
电　　话：（020）85716809（总编室）
传　　真：（020）83289585
网　　址：http://www.gdpph.com
印　　刷：珠海市豪迈实业有限公司
开　　本：890毫米×1240毫米　1/32
印　　张：7.75　　字　　数：143千
版　　次：2023年8月第1版
印　　次：2023年8月第1次印刷
定　　价：59.00元

如发现印装质量问题，影响阅读，请与出版社（020-85716849）联系调换。
售书热线：020-87716172

总　序

冯达文

　　由林雄主编、顾作义副主编，四位青年学者著述的《岭南学术思想丛书》第一辑《菊坡学派：粤地学派开端》《江门学派：明代心学重镇》《九江学派：晚清思想标本》《康梁学派：近代启蒙先锋》四种，即将与读者见面，值得庆贺！

　　岭南，与中原地区比较，文明起步较晚。直至秦皇朝一统中国，派兵南下，设置桂林、象、南海三郡，岭南才有了政治制度的建构。入汉，一批又一批从北方派来的官员陆续开设学校，"导之礼义"（《后汉书·南蛮西南夷列传》），岭南才又日渐获得文化教养。学校设置不仅引来了北方士子，也培育出本土士人。如"三陈"（陈钦、陈元、陈坚）、"四士"（士燮、士壹、士䵋、士武），就以精通《春秋》名世。儒学的传播向岭南导入文明，强

1

化了国家的认同意识。

汉末、三国、魏晋南北朝四百年间，不仅儒学在岭南产生了广泛影响，道教、佛教也纷纷传来。东晋时期名道葛洪就曾入罗浮山修炼，所撰《抱朴子》，开创了道教的外丹学，影响久远。佛教从北方南传，粤人牟子著《理惑论》；从海路北上，康居后人康僧会撰《六度集经》。这些著作，力图把佛、道与儒学会通起来，开启了我国早期文明互鉴的路子，为隋唐时期的思想文化繁荣奠定了根基。

但是至此为止，岭南地区尚未形成真正具有较大影响力的"学派"。

在岭南发展起来，最先具影响力的思潮或学派，是新州（今新兴县）人惠能开创的禅宗顿教。惠能以"即心是佛""一悟即到佛地"的觉解，把佛教信仰收归心性，使佛教从宗教信仰转变为心性调养，开启了佛教的中国化历程。此后，禅宗思想融入宋明儒学，共同营造与进一步强化了中华民族独特的精神品格，并深深影响了海外多地的文明进程。

宋朝，为传统中国经济政治与思想文化的一个转型期。在经济领域，开启了由以农业为主导向以商业为引领的初始变化；在社会结构层面上，出现了由以乡村为中心向以城市为中心的过渡；在管理体制上，发生了由权贵政治向文官政治的转易；在教育领域里，呈现了由官方办学向官私各家分流办学的新态势。

从思想文化的角度看，后两种变化影响深远。此前的官办学校，主要是为了应试与选拔官员；而私立学校，固然也有应试的功能，但由于相对地独立，便得以更关切精神教养与人文情怀。官办学校，师生关系难免有似于君臣关系；私立学校，师生关系侧重传道授业。通过传道授业，学术影响得以代代承接，才能形成真正的学派。本辑丛书四种所及的四大学派，后三大学派都是在这种背景下才营造出来的。

李强博士撰写的《菊坡学派：粤地学派开端》，学派始创者与奠基人为崔与之（1158—1239），广东增城人，晚年号菊坡。该书详尽地追溯了崔菊坡的求学经历及治事业绩，清晰地梳理了菊坡学派形成的社会历史背景和传承脉络，较好地诠释了菊坡学派的思想特征、学术宗旨、历史地位和影响。及其以"重惜名节，务实致用"一语概括菊坡及其学派的突出特点时，我们不难看到，菊坡学派既与同时代的程朱学派有共同的道德诉求；又与浙东事功学派有一致的实践取向，力求把理想下贯于现实，这与岭南传统的务实精神相与衔接，至今仍有启发意义。

郭海鹰博士撰写的《江门学派：明代心学重镇》，学派开创者为陈献章（1428—1500），号白沙，江门人；光大者为湛若水（1466—1560），号甘泉，增城人。白沙子把自己视作菊坡的私淑弟子，把菊坡"重惜名节"的一面推向极致，而成为开启明代心学的先驱。他拒斥繁琐的义理架构而崇尚自然，讲求在"静中养出端倪"，显然即出于对利禄躁动的拒斥。其弟子甘泉在西樵山等地建书院传白沙学，及其以"随处体认天理"一说发展白沙思想，实又主张要在日常行事上贯彻价值理想，而与菊坡主张的"务实致用"相与契合。

菊坡学派、江门学派，体现了岭南士人不离现实而践行道德的问学精神。

现实是不断变迁的。我国于宋代已出现"商业革命"（费正清认定）的大潮，而欧洲直至15—16世纪，商业资本主义才发展起来，落后中国四五百年。可惜的是，中国商人在城里赚了钱后，却急急忙忙回乡下买田置地，以乐做"乡绅"为"光宗耀祖"；欧洲商人却为利益驱动把钱投向技术创新，而有了18世纪的"工业革命"。工业产出源源不绝的商品，包括毒品，再凭借船坚炮利向世界各地倾销，来到中国便爆发了鸦片战争。失败后的中国逐步沦为半殖民地半封建社会，中国的士子特别是岭南学人开始为"救亡图存"呼喊，再度创造一个又一个新学派，推出新构想。本丛书的《九江学派：晚清思想标本》《康梁学派：近代启蒙先锋》的创建者均是岭南学人。

李辰博士的著作就以研究"九江学派"的开创者朱次琦（1807—1882）为主题。朱次琦，南海九江人，世称九江先生。九江先生面对鸦片战争后清廷的腐败与天下的纷乱，致力于在思想文化上的匡正。儒家学问，清中叶重汉学，后续演变为"汉宋之争"。汉学沉迷于章句注疏，而宋学偏重心性义理，两家均有所得，亦均有所失。九江先生以重新回归孔子为治学宗旨，莫问汉宋，兼取经史，不只为经师，亦要做人师。弟子中以简朝亮（1851—1933）与康有为（1858—1927）影响最大。康有为称其师曰："以躬行为宗，以无欲为尚，气节摩青苍，穷极学问，舍汉释宋，源本孔子，而以经世救民为归；古之学术有在于是者，则吾师朱九江先生以之。"（《朱九江先生佚文叙》）作为道德学问的典范，朱次琦深深影响了一代人，及"经世救民"，则有赖于康有为那一代人了。

马永康博士为研究康有为、梁启超的专家，《康梁学派：近代启蒙先锋》是他的作品。康有为，南海人；梁启超（1873—1929），新会人。二人为著名的"百日维新"的发动者。康有为早年从学于朱次琦，所幸身处岭南边陲，与海外有更多的交往，对西方制度施设有一定的了解，因而得以成为发起改良运动的主导人。康有为力图重新解释中国本土思想资源，以对抗西方基督教的涌入及作为推动变革的合法性依据，最终未能如愿。变法失败后，康、梁分手。康提倡孔教，回归保守；而梁鼓吹民主，力求"新民"。值得称道的是思想的对立并不影响他们的师生情谊，体现出中国学人应有的精神教养。该书对康有为后期对传统的那份执着，持有一种"同情之理解"（陈寅

恰语），也是难得的。在孔子开创的儒学中，"礼学"作为公共社会的制度施设，无疑有"时"与"变"的问题，需要理性务实，不能随时而变便会被淘汰；"仁学"源出于"亲亲之情""仁民爱物"，这是人之为人、人类社会得以维系的基本价值信仰，它的正当性毋庸置疑，否则不会有未来。

　　近代以来，岭南学人辈出，学派林立，只要能够平情地讨论其长处和不足，应都可入选丛书。期待本丛书有第二辑、第三辑乃至更多后续作品的面世！

目录

contents

绪　论

　　横流沧海变，屹立礼山祠。

　　接地吾私淑，登堂识本师。

　　九江儒学派，三晋使君碑。

　　不必遗书在，闻风百世思。

——黄节《谒九江朱先生祠》

　　九江学派，是指近代以来，由岭南大儒朱次琦开创，为晚清民初著名学者简朝亮、康有为、梁启超、邓实、黄节等学人所承继，以弘扬中国传统文化为主旨，影响近代中国百年学术的学人群体。黄节在《岭学源流》中指出："南海朱九江先生，于举国争言著书之日，乃独弃官讲学，举修身读书之要以告学者，其修身之要曰：敦行孝弟、崇尚名节、变化气质、检摄威仪；其言读书之要曰：经学、史学、掌故之学，性理之学，词章之学。其为学不分汉宋，而于白沙、阳明之教，皆有所不取，斯则国朝岭

学之崛起者也。"①

朱次琦，字效虔，一字子襄，号稚圭，清嘉庆十二年（1807）农历八月二十二日出生于广东南海县九江乡西太平约（今广东省佛山市南海区九江镇）一个大家族之中。朱次琦童年由族亲朱祥麐开蒙，少年时代跟随乡贤岭南汉学大家曾钊进入阮元幕府读书，由于好学善思，以诗才得到阮氏激赏。青年时期，朱次琦先后考入岭南著名学府羊城书院、粤华书院，师从名儒谢兰生、陈继昌进一步深造。道光十五年（1835），阮元指示时任广东巡抚卢坤遴选学海堂首届高才肄业生，时年二十九岁的朱次琦被擢拔为榜首。道光二十七年（1847），朱次琦赴京参加会试，这一年在清代科举史上颇值一提，与朱次琦同榜选为进士的有李鸿章、郭嵩焘、沈葆桢、张之万等一众深刻影响晚清政局的人物。朱次琦之后被吏部选发山西，开始了游宦生涯。

在山西为官的七年中，朱次琦自陈"游宦如游学"。他不仅致力于革新地方吏治，还善于运用儒学教育士民，尤重敦化地方风俗。由于政绩突出，深孚人望，获得了"后朱子"的美誉。咸丰四年（1854），太平天国战乱延及山西，朱次琦给时任山西巡抚哈芬献策不被采纳后，决意弃官归乡，专心著书讲学。咸丰六年（1856），朱次琦

---

① 黄节：《岭学源流》，《国粹学报》1908年第三号，总第四十期，广陵书社2006年版，第九册，第4479页。

在南海邑学尊经阁为宗族弟子授课，第二次鸦片战争爆发后，为躲避战火，朱次琦隐居乡里，后又在九江乡南方忠良山下陈氏祖祠设席讲学，直至终老。"九江先生"这一称呼也正是从此时流传开来的。

在长达二十余载的传习授学生涯里，九江门下接连涌现康有为、简朝亮、梁耀枢、梁金韬、潘誉徵、何炳堃、凌鹤书、罗传瑞、梁绍熙等优秀学子，再传弟子及其后学又有梁启超、黄节、邓实、伍庄、徐勤、麦孟华、陈焕章、徐悲鸿、刘海粟、吴宓等一众影响晚清、民国至新中国成立以来学术、政治、文化、社会的大家学者，这一情况为晚清以来南北学界各学派中所罕见，九江学派也因此成为了理解晚近中国思想史变迁与发展一个现象级标本。

作为九江学派的开创者，朱次琦思维宏阔，学养深厚，在治学规模和学术观念上，不独以汉学或宋学某一专家之学自居，而是一贯秉持兼采汉宋，宗法程朱，学溯孔子的学术主旨教示士子学人。此一学风，大大区别于清代乾嘉以来，崇尚训诂考据之学的治学风气。康有为评价其师道："以躬行为宗，以无欲为尚，气节摩青苍，穷极问学，舍汉释宋，源本孔子，而以经世救民为归，古之学术有在于是者，则吾师朱九江先生以之。"① 这里的"躬行

---

① 康有为：《朱九江先生佚文序》，蒋贵麟编《康有为编注：康氏先世遗诗　先师九江佚文》，台北成文出版社1983年版，第69页。

为宗""经世救民"精准地显示了九江学派的思想宗旨是建立在对现实世界的深刻关怀的基础之上。丁宝兰先生在《朱次琦评传》中曾指出，朱九江的言行"对粤省各地，对几代人都产生了广泛深入的影响。"①而其务实避虚的学风，一方面离不开中国古典传统学术训练的浸润，另一方面则源于岭南地区深厚历史文化传统的影响。

本书将分五个章节，围绕九江学派的历史文化背景、九江学派的开创者朱次琦的生平学履、九江学派的思想特色、朱次琦后学中两个代表人物简朝亮与康有为从学朱次琦的学行经历及其思想特质、对后学影响等方面展开对九江学派来龙去脉的探讨。

---

① 丁宝兰：《朱次琦评传》，丁宝兰主编《岭南思想家评传》，广东人民出版社1985年版，第160页。

第一章

九江学派的历史文化背景

第一节　历史地缘

　　广东地属岭南，因濒临南海，远离政治、文化中心，早期学术发展的规模和程度并不突出，至汉代才逐渐产生一定影响。东汉初年，有专治《春秋左传》古文经学的大家陈元，后又有写下中国第一部反映广东地区物产及与周边地域文化交流情况的博物学著作《异物志》的学者杨孚。进入唐代后，广东学术在治学领域上伴随着时代风气得以进一步拓展。在经史之学以外，佛学、诗学均取得较大的成绩，六祖惠能和岭南诗宗张九龄，是其中的杰出代表。宋元年间，理学成为了中国学术的重心，兴起于中原的廉洛之学也开始对岭南思想学术的发展发生影响。这一时期涌现出一大批宗奉理学的学者，如负笈程门四大高足弟子之一杨龟山的翟杰，从游湖湘学派传人胡寅的黄执矩，追随张南轩的简克己和师侍朱熹的郑文振、郭子从等，都是这一时期岭南地区代表性的理学家。至明代，经过百年理学积淀，岭南学术终于孕育出"一宗二脉"，即陈献章的白沙学派与其后学湛若水的甘泉学派这两个重量级的原生学派。此两大学派接续程朱理学，开一代明学风气，使岭南心学一跃成为与姚江阳明心学并立的显学。明代后期，岭南地区已经出现了一批有影响力的学者，如专治程朱理学的丘濬、陈建，阳明后学薛侃，通史善诗的欧大任、黎遂球、邝露等。

清初，广东学术受理学思潮和晚明心学余绪影响，仍续接前代，知名学者屈大均、白沙心学家胡方等学者是这一阶段的代表。康熙、雍正年间，岭南学术受官学影响，学者治学以程朱理学为主，兼重诗学。此外，传统的白沙心学在士子中也有较大影响。乾隆、嘉庆时期，全国的经济文化中心主要集中在江浙，康熙五十九年（1720）著名汉学家惠士奇来到广东担任学政，将北方主流汉学风气引入到了广东。嘉庆二十二年至道光六年（1817—1826），阮元担任两广总督时期，又进一步将苏浙汉学中心较为先进的治学方法和学术理念以制度化的形式广泛传播。

阮元督粤期间，当时广东学界仍秉承明代白沙心学的风气，各大书院治学仍以科举制艺为主，而阮元自己则精深于汉学，他对于经史、小学、历算、舆地、金石、校勘等多种学问均有深入研究。阮元来到广东之后，主要着手进行了两方面的工作，一是改革科举应试为主的学风，主张"打破专作帖括学者的迷梦，而引导之使之入于经史

理文的范围"；二是排斥心性之学，"提出陈建的《学蔀通辨》一书，使一部分人放弃其支离的理学而为切实的学问的研究"。[①]这两项举措极大地推动了岭南士子学人学风的变革。在阮元离开广东之后，他的弟子卢坤和钱仪吉继续负责由其倡建的学术重镇学海堂的日常事务。据《学海堂志》记载，当时担任两广总督的卢坤和与钱仪吉在道光十四年（1834）共同创设了学海堂专科肄业生制度，规定："课业诸生于《十三经注疏》《史记》《汉书》《后汉书》《三国志》《文选》《杜诗》《昌黎先生集》《朱子大全集》，自择一书肄习，即于所颁日程簿首行注明习某书，以后按日作课，填注簿内。"[②]这一制度的建立很快收到了效果，再一次推动了广东学术的繁荣。汉学专注经史的研究风格也很快扩展开来，促使道光、咸丰年间涌现出一大批汉学名家。正如梁启超的评价："道咸以降，粤学乃骤盛，番禺侯君谟康、子琴度、番禺张南山维屏、番禺李恢垣光庭、南海邹特夫伯奇、番禺梁南溟汉鹏、顺德梁章冉廷枏、香山黄香石，咸斐然有述作。而君谟善治《谷梁传》，名其家，又为诸史作补注及补表志，月亭善《毛诗》，石华能说《南汉史》，玉生刻《粤雅堂丛书》，每书为之跋。恢垣熟于地理，著《汉西域图

---

① 容肇祖：《学海堂考》，《岭南学报》1934年3卷4期。

② 林伯桐编：《学海堂志》，赵所生、薛正兴编《中国历代书院志》第三册，江苏教育出版社1995年版，第295页。

考》，特夫、南溟则独精算学。特夫与湘之邹叔绩齐名称
'二邹'，又善光学，能布算以测光线曲折，南溟亦雅善
制器。"①

作为首届学海堂专科肄业生学长人选的朱次琦，相较
同时期沉浸于汉学研究的诸位同窗显得别有不同。他的思
想十分早熟，学海堂以汉学为主，专于一经一史的治学理
念在朱次琦看来虽然一方面能够增强经典研究的深度，但
另一方面也很有可能把士子引入断章破句的窠臼之中，进
而使之难以顾及儒学传统中博观约取的面向，导致忽略现
实中的问题，割断经学与经世的互动，最终将不利于经世
致用的实践。

朱次琦之所以选择终身不受学海堂之聘，恐怕正是
与这方面的考量有关。不过从另一方面而言，学海堂专科
肄业生制度对于经史之学的侧重，给当时沉浸在科举应试
和诗词歌赋中的岭南学子带来了治学观念和治学方法的革
新，这一点我们在朱次琦兼采汉宋的学术理念中也能窥
测一二：他在对待汉学上，并非一面排斥，而是调和、吸
纳。这种态度在朱次琦后来"四行五学"的教学理念中也
有所体现。

---

① 梁启超：《近代学风之地理的分布》，《饮冰室合集》文集
第四十一，第五册，中华书局1989年版，第78—79页。

第二节　书院文化

　　书院之名，始于唐代。书院制度在中国学术思想史上产生较大影响，则须追溯至宋明时期。刘伯骥曾指出："自南宋以来的学术思想，其直接间接都与书院发生关系。宋明理学家到处开创书院，讲明正学。因此，当时书院，多为理学的摇篮。元代书院虽然把它列入官学系统之中，但当时宋儒多入元不仕，退而建立书院，自动讲学。"[1]宋代书院讲学能做到精神自由，与其在学制上的独立性不无关系。元代之后，由于书院列入国家的学制系统之中，思想难免受统治阶层意识形态的影响，其弊端也逐渐彰显，黄宗羲就批评明代书院"不特不能养士，且至于害士"[2]。

---

　　[1]　刘伯骥：《广东书院制度沿革》，商务印书馆1935年版，第436页。

　　[2]　黄宗羲：《明夷诗访录》，《黄宗羲全集》第一册，浙江古籍出版社1985年版，第10页。

清初国朝更迭，统治阶层为了政治秩序的稳定，在顺治九年（1652）便颁发《学校禁例十八条》及"不许别创书院"等政策，极大地限制了书院的自由发展。不过尽管官办书院的发展一度停滞，民间的讲学之风却并未减弱。雍正十一年（1733），清廷终于下谕奖助书院，各地兴建书院之风始又兴盛。

宋代以来，广东书院的性质呈现出由民间向官方转变的趋势，书院的地理分布也因此从山林之间进入城市。当时广东书院多集中在罗浮山，明代则以西樵山、罗浮山及潮州宗山为中心，其中西樵山的书院文化最为发达，如湛若水及其门人创建的云谷书院、大科书院，方献夫创建的石泉书院，霍韬创建的四峰书院都集中在西樵山。这一时期各书院的办学宗旨也相对自由，较能和书院创建者的学术理念保持一致，其中白沙学和阳明学是这一阶段书院学术的大流。进入清代，书院的学术个性转为官方主导，如清代广东最大两所书院——越秀书院和端溪书院都为官方督建，其办学宗旨也要求与当时正统的程朱理学保持一致。书院的办学目的，也已经从读书修身转向辅助士子应试科考。

乾隆、嘉庆年间，由于沿海地域发达的经济背景，再加之官方推出增加商籍科举名额的政策，清代广东的书院得到了地方绅士和商人群体的大力支持，故而书院在城市中迅速发展。至嘉庆末年，广东一省新创书院达

二百二十五间，其中除肇庆的端溪书院之外，几所当时最知名的书院，如粤秀书院（1710）、越华书院（1755）、西湖书院（1803）、羊城书院（1820）、学海堂（1821）等，都集中在广州一城之内。在阮元督建学海堂之前，当时各家书院施行的还是山长负责制，书院多通过聘请当时的名哲大儒担任山长，吸引生源。

虽然清代书院的官方性和应试性较强，但是由于中国学术历来看重师承，所以当时的士子学人均争相进入书院接受教育，各家书院也因由不同的山长负责，各成一体。正因此，"道光以前，每间书院只有一个院长，自道光六年学海堂创立后，改为学长制，设立学长八人，每人年薪三十六两，同司课事，其有出仕等事，再由七人公举补额，永不设山长，亦不允荐山长。当时所以不设山长的理由，像阮元谕云：'学长责任与山长无异，惟此课既劝通经，兼赅众体，非可独理，而山长不能多设，且课业举者各书院已大备，士子皆知讲习，此堂专勉实学，必须八学长各有所长，协力启导，庶望人才日起，永不设立山长，与各书院事体不同也。'"①

朱次琦在道光四年（1824）和道光十二年（1832）先后在广州羊城书院和越华书院接受教育，这两所书院均入清代广东"四大书院"之列。羊城书院前身为穗城书院、

---

① 刘伯骥：《广东书院制度沿革》，第310—311页。

羊石书院，康熙二十二年（1683）由督粮道蒋依创建，嘉庆二十五年（1820）重修并更名为羊城书院，谢兰生为首任山长，张维屏为监院。道光元年（1821）第一次招生便有两千多人应考，仅录取四十人。越华书院则原本是一为商籍子弟服务的专门书院，乾隆二十五年（1760）年由盐运使范时纪倡办，因多受商贾资助，办学条件优渥，书院影响力因此日渐显著。

据梁廷枏考证："书院创设，缘实因康熙六十年准开广东商籍学额，其后文风日盛，至是范运使请于杨督院创为是院，以修众商子弟藏休息游之地。初止就应考人数量经费所入额，设正课三十名，给以膏火银两，自是以后，诸商久寓粤东子弟多归民籍，甄别事例遂与越秀书院等。"①越华书院先后聘请冯敏昌、刘彬华、李黼平、陈继昌、谢兰生等学者担任主讲，皆为一时之选。嘉庆、道光之际的羊城书院与越华书院，其办学理念几相一致，书院日常教学都以学生自修为主，山长主要负责答疑解难，书院最重要的学术活动是定期进行师课和官课两种考试测评。师课由各院山长出题，官课则由地方官员出题，内容则以四书制艺为主，如越华书院日常课考内容为四书文一篇、帖诗一篇，由于受到学海堂风气影响，光绪之后，又增加了经史古学一项为考测内容。

---

① 梁廷枏：《越华纪略》卷一，道光二十三年（1843）刻本。

　　作为九江学派的创立者，青年时期的朱次琦及其同时代的士子都曾不同程度地受到书院教育的影响，九江后学如梁启超、黄节等人在跟随康有为、简朝亮学习之前，也都曾入读学海堂学习。书院也不仅仅是单纯的应试教育活动场所，更是重要的社交文化场所，士子与名家学者在不同书院间频繁流动，与政、商两界多向接触，较早地为学者日后的仕途或职业道路提供了操练之机，也促进了各种思想学派之间的良性交流与互动。

第三节　汉宋学术

除了历史地域和书院文化的影响，九江学派尤其是朱次琦思想的形成，还与清代汉宋学术发展的大背景联系密切。要较为清晰地认识这一问题，首先便要对清代思想的定位与分判作一概观把握。在当前学界，以汉宋学术为观察进路审视清代学术内部的演变机制的诸种说法大体可分为三类。第一类认为，清代的学术主流是汉学，汉学作为清代学术的一种特有形态，其兴起源自对宋学的反动，梁启超和胡适是持这种观点的代表性人物。梁启超曾说："吾言清学之出发点，在对于宋明理学一大反动。"[①]胡适也说："自顾炎武以下，凡是第一流的人才，都趋向做学问的一条路上去了，哲学的门庭大有冷落的景况……这

---

① 梁启超：《清代学术概论》，《梁启超论清学史两种》，复旦大学出版社1985年版，第6页。

种'反玄学'的运动是很普遍的，顾炎武、黄宗羲、黄宗炎、阎若璩、毛奇龄、姚际恒、胡渭，都是这个大运动的一分子。"①第二类观点则认为，清代汉学实质是理学发展的产物，汉学在清代学术舞台的崛起，可以理解为是理学深层次的转变，持这种观点的代表人物有冯友兰和钱穆等学者。第三类观点则近似前两种观点的调和，认为在整个清代学术里，汉学与宋学是互补互现的，两者不能摆脱彼此，亦不能互相取代，如章太炎便认为："清初亦有理学先生，后来汉学家出，尚不菲薄理学，如惠栋之流，说经虽宗汉，亦不薄宋。"②刘师培也认为："汉儒说经，最崇家法；宋明讲学，必称先师；近儒治学，亦多专门名家，惟授受严谨，间逊汉宋。"③

虽然汉学在清代一度成为最具影响的学术潮流，但宋学（理学、经世之学）在清代思想发展的各个时期，仍有着极其重要的地位。事实上，仅从清初理学的发展逻辑来看，便有两大转变值得注意。

首先是民间学者的研究旨趣从陆王心学转回程朱理学。这一学者群体以明末清初的遗老和文士群体为代表，

---

① 胡适：《戴东原的哲学》，《胡适文集》第七册，北京大学出版社2013年版，第217页。

② 章太炎：《清代学术之系统》，《师大月刊》1934年第10期。

③ 刘师培：《近儒学术统系论》，《清儒得失论》，中国人民大学出版社2004年版，第274页。

其中遗老群体又大致可分为程朱派与陆王派。顾炎武、王夫之可以看作是晚明遗老群体中程朱派的两大代表。章学诚认为，顾炎武的思想出自朱熹、黄震和王应麟三人之学，顾炎武基于明末以来王学的空疏学风，提出"博学于文，行己有耻"和"经学即理学"的口号，强调从经学和实学方面发展旧有的理学研究。王夫之则主要吸收程朱理学为其个人的哲学体系服务，如其《大学衍》《中庸衍》等著，展示了辟王推朱的思想。又如张履祥，为学亦主弃王学而归程朱，方东树称其得"洛、闽正传"。陆世仪则在《儒宗理要》中表现出恪守程朱，不空谈性命，强调居敬穷理与经世致用的思想特点。吕留良也提出要以程朱辟陆王心学。陆王派遗老群体也对阳明心学有内在省思，其中尤以黄宗羲、孙奇逢、李颙为代表。如黄宗羲晚年亦承认朱子学的地位，并意图调和程朱理学与陆王心学；此外他还提出汇通古今学术，其晚年治学旨趣颇似顾炎武，多转向史志、历算、地理等实学研究。孙奇逢和李颙为学虽均以陆王为主，但孙奇逢《理学宗传》和李颙《体用全学》也都表达二人汇通程朱陆王的学术观念。

此外，又有以戴名世、方苞等桐城派为代表的文士群体。戴名世作为桐城派的先导，其学术特点可总结为"文以载道"，强调要将理学的思想融入文章之中。戴名世认为，"道""法""辞"是为文的三大要素，这里的"道"即指程朱理学。方苞作为桐城派的实际创建者，曾说："孔孟以后，心与天地相似、而足称斯言者，舍程朱而谁与？……故自阳明以来，凡诋朱子者，多绝世不祀。"由此可见其尊崇程朱之立场，其为学的核心观念认为文须有"文法"，"文道不可分"，要求学者"学行继程朱之后，文章介韩欧之间"。

清初理学第二个重要趋势即官方理学的发展。清代的统治阶级颇注重理学的修习，从皇太极始，清代君主便要接受系统的儒家教化。康熙尤其服膺程朱理学，推崇朱子，他曾说："读书五十载，只认得朱子一生居心行事。"又说："自宋儒起而有理学之名，至于朱子能扩而充之，方为理明道备。"此外，他还下旨编写《御纂性理精义》为《御纂朱子全书》等理学典籍，以程朱著作为基层教育的教材，并在国家官员的考核与遴选中推行以程朱理学为主要考核内容的科举制度，提拔宗奉程朱理学的名士和学人，成就了以熊赐履、陆陇其、李光地、汤斌、张烈等为代表的一大批官方朱子学代表。不过，由于统治者亦积极利用程朱理学作为其安抚人心和统治士人阶层尤其是知识分子群体的政治工具，在后期逐渐紧张的政治氛围中，官方理学的发展亦显现出衰落的迹象。

在理学自身或积极或被动的求变过程中，考据学对理学的批判则是清代学术发展的另一重大传统。有学者指出，考据学亦可从宋学的学术范畴中追溯其脉络，故而不能简单地将清代汉学的概念与两汉之学画等号。其中，清初几位考据学者的著作颇值得注意。首先是阎若璩的《尚书古文疏证》。《尚书古文疏证》对古文《尚书》的证伪，尤其是对《大禹谟》篇中"人心惟危，道心惟微，惟精惟一，允执厥中"出处合法性的质疑，动摇了理学传统所肯定的儒家心性道统根源论说；而胡渭的《易图明辨》、毛奇龄的《太极图说遗议》以及朱彝尊的《太极图授受考》等著作也从考据学的视野，拿出了周敦颐、邵雍的"太极图"来源自道教而非儒家的史料证据。这些著作的思想使我们注意到，考据学的孕育时间实际相当早，其在清代思想史上的出现与理学内在的转型几乎是同时发生的。

乾隆、嘉庆时期，考据、训诂之学的发展进入了黄金阶段。戴震早年受程朱理学影响，其师江永便学宗朱子礼学。然而戴震治学，则于宋学阐发经学义理方法外，力图基于考据，开辟一条"故训明而义理明"的新进路，《孟子字义疏证》中的"理欲之辨"便是这种观念的实践。戴震在《与是仲明书》中介绍自己的治学方法，"经之至者，道也。所以明道者，其词也。所以成词者，字也。由字以通其词，由词以通其道，必有渐"，从而表达了训诂达道的治经理念。而在《与某书》中表达治学方法的同时，戴震还不忘批评宋学义理的失道："治经先考字义，次通文理。志存闻道，必空所依傍。汉儒故训有师承，亦有时傅会。晋人傅会凿空益多。宋人时恃胸臆为断，故其

袭取者多谬，而不谬者在其所弃。我辈读书原非与后儒竞立说。宜平心体会经文。有一字非其的解，则于所言之意必差，而道从此失。"①

乾隆三十八年（1773），戴震受征召担任《四库全书》编纂，训诂、考据之学的影响进一步散播；到嘉庆晚期，吴派学者江藩作《国朝汉学师承记》，以建立纯宗汉学的新谱系的方式将学宗程朱的理学家排除在外，标志着乾嘉汉学已占据清代学术的舞台中心。不过，《师承记》尚未刊发海内，凌廷堪、焦循等汉学内部学者便已经开始对汉学执一之风有所反思；至龚自珍致信江氏质疑其以汉学之名为汉古文经学建谱立系，再到方东树作《汉学商兑》以程朱理学回击汉学诸种立论，汉宋之争已渐从门户之争回到抉择治学方法的视野上来。无论是门户之争还是方法之争，在这一阶段的汉宋学术争论尚未平息之际，道光后期接连发生的中英战争及太平天国内乱等外缘事件催化了一种新的学术呼声，即倡导经世致用的学风。这一变化促使学者从汉宋之争中抽离，开始从经学与经世的角度反思汉宋学术研究。

对清初以来汉宋学术发展趋势的简要分析，使我们注意到汉学、宋学自身在追求革新融合的同时，也激活联

---

① 戴震：《戴东原先生文》，《戴震全集》，黄山书社2010年版，第368页。

动了传统学术的其他诸多研究领域，并呈现出汉宋对抗之势。朱次琦思想正是在此思想史背景下形成并登上历史舞台。阮元、江藩、方东树等一众汉宋之争的中心人物，都在朱次琦成长阶段集结于广东，这些各持己说的汉宋学家的思想碰撞，对朱次琦思考汉宋学术问题及其日后形成自我独特的汉宋兼采观念产生了深远影响。

第二章

九江学派的开创者——朱次琦

第一节　南海朱氏

　　清嘉庆十二年（1807）农历八月二十二日，朱次琦出生在广东南海九江乡西太平约（今广东省佛山市南海区九江镇下西区）一个大家族之中。九江幅员约三十里，南临西江，东北方不远则是闻名岭南的西樵山，据《南海九江家谱·宗族源流》所记，南宋度宗咸淳末年，朱元龙和弟弟朱元凤一族为躲避世乱，浮桴南下，散居在九江上沙及清远滘江、新会水尾等地，其中朱元龙一支定居九江上沙，生二子，长子朱子诰，次子朱子议。朱子议字献谋，是为朱次琦十五世祖。当时九江还是一片蛮荒之地，经过明清两代的辛苦耕耘，世居九江的朱氏一门涌现出不少名哲贤良，梁耀枢在《朱氏传芳集序》中描述朱氏为"四姓华宗，九江甲族。门成鼎贵，代产名德。人呼廉里，地涌

忠泉。"①这其中又以朱让、朱谟、朱实莲、陈子壮、朱
完、朱吉兆等人为代表。

朱让，字次夔，号绹庵，朱子议七世孙，少年时敏而
向学，好《毛诗》《礼记》之学，嘉靖三十七年（1558）
中举，万历二年（1574）成进士，官授福建南平县知县、
南京户部河南司主事兼江西司事、四川夔州府知府等职，
因政绩突出，特受到万历赐书嘉奖召见。朱次琦弟子简朝
亮所编《朱九江先生集》中收录九江所作《明赠嘉议大夫
兵部左侍郎原任四川夔州府知府朱公神道碑》，对其生平
治行多有记述。

朱谟，字次皋，号石谭，朱子议七世孙，是朱让的
堂兄，嘉靖三十三年（1554）举人，官授浙江湖州通判。
朱谟在广州城中营建了一座大宅，叫做"承德第"，位于
大市街五迁观侧（今广州市越秀区惠福路），此处本是朱
氏族贤的传世文献保存之地，但在明末战乱中不幸被毁，
朱氏族贤的相关文献也遭到了散佚的命运，朱次琦在《朱

---

①　梁耀枢：《朱氏传芳集序》，朱次琦、朱宗琦等编《朱氏
传芳集》卷首序，咸丰十一年（1861）刊本。《朱氏传芳集》由朱
次琦与其弟朱宗琦于共同编纂，朱次琦弟子梁耀枢作序，朱次琦作
凡例，咸丰十一年刊行。文集选了一百位明清两代朱氏家族名杰
（三十七人）及与朱氏家族相交游名士（六十三人）存世的诗文作
品，这些作品大多为朱氏名杰和明清名士间的诗歌唱和之作，其中
也有学术文章，为我们了解朱氏家族与明清思想主流交互及朱氏明
清两代世风提供了重要参照。

氏传芳集》中用"身歼家蹈，宗族窜亡，累传文献，半就零落"感叹明末清初这一特殊历史时期整个家族经历的世变。从明嘉靖到天启的近百年间，是朱氏家族文脉最兴盛的时期，但是伴随明末国运更迭，加之朱实莲、陈子壮等朱氏宗人积极参与晚明抗清活动，为躲避政治上的牵连与迫害，朱氏族人大多由城市移居至山林乡间。

朱实莲，字子洁，号微兔，天启元年（1621）举人，官至刑部郎中，明朝末年与表兄陈子壮联合组织乡勇抗击清兵。陈子壮（1596—1647），字集生，号秋涛，广东南海人，朱让外孙，万历四十七年进士（1619）。天启元年（1621）魏宗贤想要纳陈子壮为同党，被其拒绝，后陈子壮在觐见朱熹宗时历陈汉十常侍、唐甘露之变等宦官干政典故，遂与阉党成仇，但陈子壮由此也在明廷及士子心中树立了崇高声望。崇祯十七年（1644）李自成攻打北京城，明王室南迁，子壮被唐王朱聿键授为太子太保、兵部尚书，福建沦陷后，子壮返回广东继续抗击清兵，由于外祖父是朱让，子壮在九江起兵时，一呼百应。他联合陈邦彦、杨可观谋划攻打广州，因叛徒告密事败。后又与朱实莲、麦而炫攻打高明，一度击退清军，由朱实莲担任高明县令，后清兵再次集中重兵攻打高明，实莲壮烈殉节，陈子壮也被害于广州，事详《明史列传》①。

---

① 张廷玉等：《明史·列传第一百六十六》，中华书局1974年版，第7130—7131页。

　　除朱让、朱谟、陈子壮、朱实莲等为国尽忠的族贤，明清两代朱氏一族还像有朱完、朱吉兆等专注于著述立身的族贤。

　　朱完，字季美，号白岳山人，朱次琦八世祖，廪生，选贡国学生不赴。有《说文解字石室志》《虹冈漫录》《续录》《初学记》《清晖馆稿》《白岳山人全集》《草堂诗余》等著述书目存世。据《朱氏传芳集》所录其存世诗文可见，朱完性情豁达，善交游，他与岭南诗人、史学大家欧大任以及万历年间著名诗人何白往来密切。

　　欧大任（1516—1596），字祯伯，师从白沙高足黄佐，广东顺德陈村人。著有诗集《思玄堂集》《旅燕集》《浮淮集》等；编有史志《百越先贤志》《广陵十先生传》等，后汇总刊刻，收录在《欧虞部全集》中。《朱氏传芳集》中收录欧大任诗作十二首，多是其与朱完、朱让之间的唱和之作。何白（1562—1642），字无咎，号丹丘，浙江东瓯人，著有《汲古堂集》等。《朱氏传芳集》收录了何白赠朱完诗两首及游记《雁荡山十景记》一篇。朱完在辞章之学上造诣深厚，《朱氏传芳集》共收录其作游记二篇，赋文一篇，诗三十六首。从这些诗文可以见到朱完在思想方面秉承当时岭南学术的主流风尚，推崇白沙心学，其诗《卧游罗浮追和白沙先生》收录在《朱氏传芳集》。

　　朱完与当时大多数关心家国天下的士大夫一样，常常

在诗作中针砭时弊，抨击宦官当权的黑暗局面，同时又有打破束缚，追求解放的思想倾向。如他在《感兴》一首中写道："……长沙得放逐，江潭遂摧残。昔款与今情，千载起予叹。施嫱自言都，鱼鸟见之骇。太牢自言珍，爰居乃不快。或有迕冰炭，或有合沆瀣。甘辛丹素间，反投辄立败。趋避本无功，贤佞遂有界。达人任自然，相与破天械。"①特能表现其追求天地自然、不欲与宦海同流合污的追求。

进入清代，朱氏一族又有学承程朱理学的朱吉兆。朱吉兆，字迪之，号樵南，乾隆元年（1736）举人，授河南汝州清军粮捕水利盐驿州同知，卒于官。吉兆与当时岭南著名的程朱学者冯成修有交往。康有为曾评论历代学术风气的特点时说道："康熙前，皆白沙余风，道光后，皆冯潜斋余风。"②由此可以想见冯成修及其学宗程朱的学术成就对岭南士风影响之大。

冯成修（1702—1796），字达天，号潜斋，南海江浦人，乾隆四年（1739）进士，先后担任礼部主事，福建、四川督学，著有《养正要规》《学庸集要》等作。乾隆二十年（1755），冯成修受聘粤秀书院山长，制定了端士

---

① 朱次琦、朱宗琦等编：《朱氏传芳集》卷三，《朱次琦集》，上海古籍出版社2020年版，第444页。

② 张伯帧编：《南海师承记》，《康有为全集》第二册，中国人民大学出版社2007年版，第249页。

习、立志、崇正学、重师友、立课程、重小学、敦实行、崇实学、习举业、看书理、正文体、正题目十二条学约，其中"崇正学"一条，以清初理学家陆陇其正道统观的理学观念为支撑，尤见其力倡宗主程朱理学，推行实学教化的学术立场：

> 一崇正学，学不知道与不知学等耳。《大学》"明德、新民、至善"乃学之的，舍此不务，或执滞于训诂，或徒骛于淹博，或溺志于风云月露，或泛滥于寂灭虚无，或纵横于权谋数术，所学一差，则虽读书万卷，与圣贤分际，天悬地隔，不惟终身德业有迷谬之愆，且恐贻害及天下后世之远，不可以不慎也。陆稼书先生曰："欲求正学，必宗孔孟。欲宗孔孟，必从周程张朱。舍孔孟而言学者，非正学也。舍周程张朱而言孔孟者，非真孔孟也。"审是而知所从事焉，则几矣。①

冯成修与朱吉兆多有往来，曾作《朱樵南司马同年像赞》一文赞美朱吉兆道："君子存心，不欺幽独。温厚和平，浑金璞玉。学本紫阳之家传，胸富牙纤之万轴。甫

---

① 劳潼编：《冯潜斋先生年谱》，宣统三年（1911）刻本，第14a—14b页。

弱冠而登贤书，将五十而膺民牧。政声洋溢于汝南，德泽遍敷于蔀屋，允足媲古之循良，不愧生平之蕴蓄。士庶向化而共倾心，上宪深嘉而列荐牍。由此见知于九重，行将受不次之超擢，而使苍生实受其福。"其中"学本紫阳之家传"阐明了朱吉兆与冯成修相一致的学宗程朱的学术立场。

除朱让、朱谟、朱实莲、陈子壮、朱完、朱吉兆之外，朱畴、朱遐、朱凌霄、朱继凤、朱伯莲、朱协莲、朱光允、朱璧、朱环、朱元英、朱国材、朱顺昌、朱程万等明清两代朱氏贤哲，皆有著述书目及诗文存见于朱次琦、朱宗琦所编《朱氏传芳集》之中，使我们更加全面了解了明清两代南海朱氏一族的醇厚的儒风与学风。

第二节　家风启蒙

朱次琦的父亲朱成发，字镇元，别字奋之，是一位以诚信和善于周济他人著称的商人。朱成发早年丧亲失学，家境贫寒，然而通过自我努力，以经商起家，常年往返于苏、广两地。当时苏州有一位大商人唐景泰在广东经商，常与朱成发合作。后来唐氏因年事已高，思乡迫切，便治装离开广东，临行前还有未收齐的三千金债券，便执意送给朱成发。朱成发表面答应，收齐债金后立即请人跋涉四千里归还唐氏，其人品忠厚如此。后经商略有所积，朱成发豁达其金，积极帮助乡里，"凡乡闾美举恤嫠哺孤，修坟治道，振残废，助婚丧，所出恒逾其量"①。

朱成发妻张氏，张氏去世后又续关氏。张氏共生子四

---

① 朱成发事迹参见《九江儒林乡志·列传》卷十五，光绪九年（1883）刊本。

人，分别是：长子朱士琦，二子朱炳琦，三子朱次琦，四子朱宗琦。张氏是一位有一定知识素养的女性，《朱九江先生集》中记其"知文史"。由于朱成发长年在外经商，对朱次琦的早年教育和督促主要依靠其母张氏，根据简朝亮《朱九江先生集·年谱》中的记载，朱次琦从周岁牙牙学语时起，张氏便让他背诵唐代诗人的绝句，而非一般世俗的小儿歌谣类的内容。①

此外，张氏也是一位有胆识、见识的女性，由于朱成发在外经商有成，经常被贼盗觊觎。一次受金返乡后，族内不学无术的盗魁族子盯上了他。张氏立即嘱咐朱成发和诸子赴外躲避，自己则独自在家应对。果未多久，盗魁便纠结十余人大声呼门，称来找"成发叔"。张氏请盗魁族子入内，并命婢女泡茶，冷静问候其上门所求。盗魁欲借数百金为路费，自称和兄弟数人跑路之用。张氏入内拿出头钗、首饰数件，又当盗魁面脱下手腕上的玉镯说："你刚才呼门称朱成发为叔，我们虽然不是近亲，也算是骨肉，这些你且拿去，不够用可以再来，不需一直等你叔回来。"盗魁顿感愧疚，竟弃物而去。

张氏于朱次琦十五岁时去世，在她之外，朱祥麖是朱次琦早年启蒙教育中另一位重要人物。朱祥麖，字懿修，号在楸，是朱次琦的族叔，亦是他早年正式接受教育期间

---

① 《朱九江先生集·年谱》，《朱次琦集》，第7—8页。

遇到的第一位先生。朱祥麐是一位品格高尚的文人，性格耿介，师从学者关斌元。关斌元，字彝鼎，号西亭，又称西亭先生，是九江当地一位很有声望的学者，从游者以千计，但一生未仕，赐举人出身。《九江儒林乡志》《朱氏传芳集》对朱祥麐的为人处世多有记述：

> 在楸三兄先生与余同游西亭关夫子之门，三兄视余率十年以长，而昕夕相过从，谈诗论文，常资启发，又慷慨直言，时时匡余以所不逮。昔梁药亭寄王说作有云"为友过于兄弟谊，望余兼有父师心"，当不过此。已而，风流云散，各以饥驱，糊其口于四方。三兄虽困顿，强项自负，辄白眼视当世，独数数过余，酒酣纵谈天下事，与余议论，稍不合，至拍案叫呼，声动阁外，锱铢未肯相让，坐客为之愕然罢酌。盖其抑塞磊落之气，勃勃不可挫折又如此。[1]

《九江儒林乡志》的传记中称朱祥麐是关斌元最为得意的弟子，从上述朱祥麐同门黄凤的引述中不难发现，朱祥麐不仅敏而好学，而且关心家国天下，极具儒者风范。不过其一生在举子方面时运不济，七十岁时，仍要与学童

---

① 黄凤：《朱在楸先生六十寿序》，《朱氏传芳集·卷五》，第549页。

一起赴考乡试。家中亦极贫寒，人口众多，常常只能以教授私塾勉强维持生计。朱次琦对朱祥麐感情很深，曾专作《岁莫怀人诗·叔懿修先生》怀念早年这位蒙师：

　　秋至瘦人知，岁尽贫家病。叔也苦节人，穷老益天性。七十抱一毡，坐深乡党敬。须眉出古异，知虑资神应。貌枯中不膏，晶精雪相映。虽比范叔寒，允执颜含正。析薪鲜克荷，守砚庶或称。老弃短后衣，窘藉长镵柄。每忧藜羹糁，食指矧蕃盛。今秋谷不登，衣典餐屡并。姝姝十余口，朝夕鸟共命。譬彼冈岭松，孤高风逾劲。叔言子也才，三试战不竞。人言叔耆德，善修家不庆。上有沧浪天，何时问幽夐。[①]

　　"姝姝十余口，朝夕鸟共命"反映了传统乡族社会中，担负家族群居的生活责任往往是十分沉重的，朱祥麐在巨大的生活压力之下，仍能够"貌枯中不膏，晶精雪相映"，无疑反映了他深厚的儒学修养与坚洁的品性。反观朱次琦一生品行，无论为官为学，抑或为师，或为乡族共同体中的领袖，皆处处展现与朱祥麐"箪食瓢饮"相一致的儒者作风，故而可知，朱祥麐对朱次琦的最大影响，正在对其品格之塑造。

-----

① 《朱九江先生集·诗集》，《朱次琦集》，第76页。

这之后，少年时期对朱次琦影响最深的学者是朱次琦的另一位同乡曾钊。曾钊是嘉道之际岭南汉学大家，他比朱次琦大十五岁，朱次琦十三岁时第一次拜访阮元，便是由曾钊加以引荐，进而留下了一段学坛佳话。

曾钊（1793—1854），字敏修，又字勉士，广东南海九江西方谭边人。陈璞在《面城楼集钞序》中把曾钊称作"吾粤治汉学者最先"者，其治学"读一书，必将其伪字、脱文校勘精审，而后博览传注，详细无遗"。[①]生平著有《周礼注疏小笺》五卷、《面城楼集钞》四卷、《虞书命羲和章解》一卷及辑著《杨议郎著书》一卷、《异物志》一卷、《交州记》一卷、《始兴记》一卷存世。阮元所编《学海堂集》中亦收录了曾钊多篇作品。阮元虽较曾钊大近三十岁，但十分器重他，除清道光五年（1825）推荐曾钊担任钦州学政，道光六年（1826）颁布《学海堂章程》聘请曾钊为学海堂学长之外，还时常将江永及王念孙的音韵学方面的著作寄给他勘校，并就其中的版本和音韵学问题相互切磋。

据《朱九江先生集》记载，嘉庆二十四年（1819）曾钊带时年十三岁的朱次琦拜访阮元，阮元命朱次琦以《黄木湾观海》为题作诗一首，诗成，阮元大惊：

---

① 陈璞：《面城楼集钞·序》，参见曾钊《面城楼集钞》，光绪十二年（1886）刻本。

二十有四年，岁在己卯，先生年十有三。

先生同里曾勉士广文说先生幼敏，以先生谒制府仪征阮文达，命作《黄木湾观海诗》。文达惊曰："老夫当让此子出一头地，过予彩旗门作矣。"

学海堂在广东的建立，不仅引入了江浙前沿学术的治学特色和风格，还带动了地方学术风气的变化，而当时只有十几岁的朱次琦，很难不受到这种学风的影响。据王筠《记朱子襄》中记载，朱次琦早年在阮元的幕府中学习过长达六年时间，其一生立志著述的《国朝名臣言行录》，便是受到了阮元编纂国史的影响："子襄十二岁时，阮芸台相国节制两广，招致之，使入署读书，凡六年，相国移节乃出。相国有《国史》，子襄抄之，于是多识本朝名公巨卿之政绩。"①

青年时期的朱次琦无论在开拓学术眼界还是扩大学术交往方面都得到曾钊不少帮助。在阮元离粤后，朱次琦与阮元弟子卢坤（两广总督）、阮元弟子钱仪吉（学海堂负责人）的交往，也是借曾钊得以结识。

钱仪吉（1783—1850），字蔼人，号衎石，浙江嘉兴人。嘉庆十三年（1808）进士，道光十四年（1834）至广东，受阮元嘱咐，与林伯桐、吴兰修、曾钊共同商订学

---

① 王筠：《记朱子襄》，《朱次琦集》，第665页。

海堂专经课士法。阮元嘱时任两广总督卢坤设置肄业生十名，课以"十三经"《四史》、《文选》、杜诗、韩文、朱子书。朱次琦为其中之一。在《朱九江先生集》中保存了《宫保卢制府遣吏人征写拙诗述德摅情赋呈四律》《和钱给事春思曲》《和钱给事仪吉登镇海楼之作》等与卢坤、钱仪吉的唱和之作，为朱次琦与二者交往史实提供了线索，钱仪吉还曾在《朱九江先生集·诗集》卷首所作跋文中介绍了与朱次琦的相识过程，通过钱仪吉的回忆我们可知，卢坤曾多次向钱仪吉称赞朱次琦的才华，而后钱仪吉自己在阅读到朱次琦的文章后，也对他的才华非常认可，认为卢坤所言无虚，专门通过李黼平、曾钊与朱次琦订交，并称赞："其为人伟瞻，视巍巍然，气纯以方"；为文"其论说纵恣谤葩，有鼌贾之核"；为诗"无弗学，亦无弗工，往往于转掊顿挫处，得古大家神解"。①

_____

① 钱仪吉：《朱九江先生集·诗序》，《朱次琦集》，第56页。

第三节　游学儒林

在书院学习过程中，除了曾钊之外，还有两位学人对朱次琦治学影响最著，分别是为时任羊城书院山长谢兰生及越华书院山长陈继昌。谢兰生治学不分汉宋，通骈文，擅书画，朱次琦古文修养及书学训练，多受谢氏启发；陈继昌雅继家学，祖父为雍正、乾隆两朝经世大儒陈弘谋，学宗程朱，朱次琦就读越华书院，从陈继昌游。三位学人不同的治学风格对朱次琦思想的形成皆产生了不可忽视的影响，对朱次琦与三人学术往来的梳理，不仅使我们注意到这一时期岭南学术的独特面貌，也为我们理解朱次琦治学旨趣之形成提供了思想的线索。

谢兰生（1760—1831），字佩士，号澧浦，又号里甫，广东南海人。清嘉庆七年（1802）进士，先后担任粤秀、越华、端溪、羊城等书院掌教，有《常惺惺斋文集》四卷、《常惺惺斋诗集》四卷、《书画题跋》二卷、《北游纪略》二卷、《常惺惺斋日记》、《游罗浮日记》一卷等著存世，嘉庆二十四年（1819）曾受阮元之聘，与江藩、陈昌齐、刘彬华共同担任《广东通志》总纂。

据《南海县志》《越秀书院志》记载：谢兰生"酷嗜古文，得昌黎、东坡家法，并时为古文者，咸推为祭酒"[①]。其学："诗宗大苏，出入杜、韩两家。生平见义勇为，最工书法，晚好理学，谓濂溪主静，伊川静坐，朱子明心，均同敬一之学。"[②]考诸谢兰生诸种存世文献，可知这些评价大体无误，但亦显笼统。如谢兰生在《答衍棠书》中，较为具体的展现了他晚年归主心学的倾向：

> 回忆少年，吾两人驰逐京华，志气何等壮盛。一转盼间，变为老翁，渐成废物，岂可嗟悼，良可痛哭。昔莲池大师未出家时，因一婢碎其玉杯，发怒不已。其夫人劝以物有成亏，曰：然则何物不毁？夫人曰：学道则不毁。因大悟即日出家。修净土卒成正果。此是上等根器，我等何能企及。然师所谓不毁，即吾儒所谓不朽。人能不朽，自足千古。弟近日下自揣量，颇究心濂溪主静及程子半日静坐之说，又参以

---

① 李若晴：《南海县志·谢兰生传记》，《常惺惺斋日记》（外四种），广东人民出版社2014年版，第383页。

② 广州市越秀区地方志办公室：《越秀书院志·师席表》，《广州越秀古书院概观》，中山大学出版社2002年版，第65页。

子朱子《近思录》、白沙先生《养端倪》之旨，冀其稍有所得，庶不虚度一生。俗人不察，辄谓学仙学佛，何其怪哉。足下来书亦以此相誉。人日接膝而不相知，况足下在千里外，何能深悉，无怪其然。大约此心收摄到静处，当有会悟，只是炼心之法，千难万难，我等平日苦心劳思去习举业，又添上家累，左支右绌，数十年来心如逐鹿，一旦收缰，谈何容易。弟数来炼此一着，总欠纯净，此一关不破，无一可为。此关一破，无事不办。窃意仙佛路上亦不外是三教，圣人只是一个心性，吾人又安得有两心性耶？知足下有意求道，故述其大致如此，此是颠扑不破的见解，勿以为老生常谈而忽之也。①

就谢兰生晚年思想来看，一方面表现出雅好心性之学的旨趣，另一方面也展现了他对待释老之学，持有同样平等的态度。这种包容、开放，不持门户之见的学术旨趣，同样表现在羊城书院的日常课业中沿用学海堂试题等方面："书院虽然为科举而设，但自从阮元督粤后，古学渐兴，也不可避免受到影响。羊城书院的首日课程，便是阮元的'古学六题'，书院还设有学海堂壁，专门张古

---

① 谢兰生：《答范衍棠书》，《常惺惺斋日记》（外四种），第352页。

学榜。"①

道光四年（1824），十八岁的朱次琦考入羊城书院，这一时期，正值谢兰生总持书院。羊城书院的日常教育大致如同今日之应试教育，其最重要的学术活动是括帖之学和诗歌对仗。从存世文献上看，《朱九江先生集》中所载朱次琦与谢兰生唱和之作，如《题里甫先生所藏剑》《谢里甫山长作画一卷为十帧贻王谟文学属次琦跋之小诗未有以应也甲午春杪文学索果前诺遂拈杜诗得非元圃裂无乃潇湘翻二句为韵题其端》两首，皆为这一时期所作。另外，从书学、文学旨趣上看，朱次琦也多受谢兰生的影响，谢兰生对朱次琦很认可，甚至认为唯有朱次琦能接续自己在书法上的造诣，朱次琦受到谢兰生鼓励，遂致力于书道：

> 山长谢里甫先生能书，尝曰："书虽小道，非俊悟者不能通其意。吾友教岁数百人，饶学此者，朱生而已。"乃授笔法，辟耳诏之曰："实指虚掌，平腕竖锋，小心布置，大胆落笔，意在笔先，神周字后，此外丹也；手软笔头重，此内丹也。"又曰："晋辨神姿，唐讲间架，宋元以来，尚峭峭之趣矣，然神物无迹，易于羊质虎皮，以趣胜者，即有所成，只证声

① 李若晴：《谢兰生及其〈常惺惺斋日记〉》，《常惺惺斋日记》（外四种），第452页。

闻辟支果耳，不成，终身遂流魔道，不可振救。初学执笔，折中去弊，其诸颜平原、欧阳渤海间乎。"由是先生工八法。①

朱次琦的书学成就，康有为曾有"清朝第一"②之评语，他曾在《广艺舟双楫》中记述朱次琦对自己的书学教导时提到了朱次琦从学谢兰生学书的经历："先生为当世大儒，余事尤工笔札，其执笔主平腕竖锋，虚拳实指，盖得之谢兰生先生，为黎山人二樵之传也。"③

此外，在文学方面，朱次琦雅好杜、韩，与谢兰生"酷嗜古文，出入杜、韩两家"的风格相一致。朱次琦在讲学时指出："有古谊然后有古文。明之七子，学古文而未能无古谊也。韩子读三代两汉之书，志其谊，法其文，文成古文，谊求古谊也。学者为文，志过其师，乃及其师，故学文不徒自韩子始。韩子以来，名家辈出，皆有可师，然莫如韩子。唐以前之文多华，唐以后之文多朴。唐以前之文多曲，唐以后之文多平。唐以前之文句多短，唐以后之文句多长。散文骈文，古无别出，《尧典》申命，孔传《系辞》可类明也。故曰骈文有气即为古文，寿文非

<hr />

① 简朝亮：《朱九江先生集·年谱》，《朱次琦集》，第10页。

② 谢光辉、刘春喜编：《商衍鎏、商承祚藏朱次琦康有为信札》，文物出版社2008年版，第21页。

③ 康有为：《广艺舟双楫》，《康有为全集》第一册，第297页。

古也，君子谓之诐。古诗三百，今之诗法通焉。李杜韩苏，诗之四维，得于诗三百者尤多。"又说："欧阳氏曰：'文章止于润身，政事可以及物。'夫信以文章非及物者乎？君子之学，以告当世，以传来者，书以明之，诗以歌之，非文章不达也，皆及物者也。孔子曰：'言之无文，行而不远。'南宋而后，古文之道浸衰。天下必当有兴者，二三子其志于斯乎。"①这些都反映了朱次琦的推崇古文，追求文以载道的文学观念。

除在羊城书院接受谢兰生的教导之外，朱次琦后又进入越华书院学习。据存世文献，这一时期他除了继续与谢兰生保持学术往来，与当时书院山长陈继昌多有交游，今据《朱九江先生集》，朱次琦唱和陈继昌诗作存有四首，分别是：《赋得新松越华讲院陈莲史师席上应教》《山长桂林夫子枉过》《观察陈桂林夫子》《奉陪山长陈莲史师登粤秀山至山亭胡太守方朔设乐置酒》。简朝亮所编《朱九江先生集·年谱》记录了师生二人第一次见面的生动画面：

十有二年岁在壬辰，先生年二十有六。

先生肄业越华书院，山长桂林陈莲史先生一见

---

① 简朝亮：《朱九江先生集·年谱》，《朱次琦集》，第43—44页，第35页。

异之，曰："天下士也。"尝以天中节燕诸生，命赋新松。先生诗云："栋材未必千人见，但听风声便不同。"陈先生为吟讽者久之。[①]

陈继昌（1791—1849），字哲臣，号莲史，广西桂林人，嘉庆二十五年（1820）乡试、会试、廷试连中三元，是中国科举史上最后一位"三元及第"的状元。其祖父陈弘谋（1696—1771），字汝咨，号榕门，是雍正元年（1723）进士，历任工部尚书、东阁大学士，除有《培元堂文集》《养正遗归》《课士遗解》《学仕遗规》《司马文正公年谱》等著外，还编有《司马文正公传家集》《吕子节录》《大学衍义补辑要》等著存世，是雍正、乾隆年间的理学名臣和经世名臣，有学者认为陈弘谋是探讨雍正、乾隆年间精英思想最佳对象，魏源也在《皇朝经世文编》中收入陈著53篇。陈继昌的相关著作现仅有诗集《如话斋诗稿》存世。《如话斋诗存跋》中指出："先生为文恭公曾孙，清嘉庆间，乡试、会试、廷试皆第一，官至布政使。道德文章，能世其业，惜生平著述，散佚略尽，今所存者，谨此诗稿一卷而已。先生不以诗名，顾读其所作，大都陈忠孝而箴末俗。述祖德而诫子孙，有合乎兴观群怨、温柔敦厚之旨。"从其诗作来看，其思想承续家训，亦倡导程朱理学。

---

① 简朝亮：《朱九江先生集·年谱》，《朱次琦集》，第12页。

第四节　晋阳出宰

　　对于实学与实践的强调是九江学派三代学人孜孜不倦坚持的思想主旨，于朱次琦本人而言，在山西为官的七年对其一生治学道路和思想精神、价值观念的辟立有着殊为重要的意义。道光二十七年（1847），四十一岁的朱次琦赴京参加会试，殿试过程中发生的一件事，颇能预见朱次琦日后的为官生涯走向。

　　清代廷试的主要考察内容通常包括经学与经世之学两部分，相较乾隆时代以经学为重的特征，道光中后期的廷试在实际政治改革与治理方面多有倾斜，其根本原因并非统治者不好经事，而是经济衰退日趋严重，加之吏治败坏，军队军纪松散，导致盗匪丛生。在道光二十七年（1847）的殿试试题中，除了传统的经学知识考查，主要就经济发展和治盗匪方面提出了两个问题，首先是经济治理方面，试题提出：

成周以后，义、社二仓，立法最善。然行之既久，均不能无弊。社仓之法，隋唐行之不久便废，至朱子而独有成效。能推本其良法美意欤？《元史》所载，河西务十四仓，京师二十二仓，通州十三仓，即今制所由昉。顾天庾转输，丁胥丛杂，挽和之弊，何以杜之？今欲储积无亏，旱涝有备。转输之法、粜籴之宜、久贮之方、平价之道，不尤宜一一讲求欤？

其次是就治盗方面，试题提出：

夫安民必先弭盗，弭盗莫如保甲。《周官》有比闾族党之制。管仲创轨里连乡之法，皆以里闬相习之人，察耳目最近之事，其法至为美备。惟是营汛、堡墩之设，不能不寄之兵弁；寺院、庵观之察，不能不责之吏胥。赏罚不明，则兵或纵盗；稽查不力，则吏或藏奸。有治法不尤贵有治人欤？至于洋面辽阔，岛澳险僻，匪徒出没靡常。迫之则潜踪伺隙，缓之则肆掠商旅。其何以绝其接济而捣其巢窟也？夫衣食足则礼义生。所以正本澄源者，果遵何道欤？

朱次琦对经济治理的问题回答是："臣考《王制》曰：'三年耕必有一年之食，九年耕必有三年之食。'《周礼》仓人、遗人之制，即后世常平、社仓所自昉。然而昔人行之，或享其利，而或滋其弊，则非法之不善，行法之不得其人也。汉耿寿昌设常平仓，增价减价，因时以济民缓急，意非不善。但出入在官，易生流弊，不若社仓义仓，使民间自为经理之为得。夫王者爱养黎元，勤求积储，务令州县计地之广狭以定常平之额。所谓法良意美矣，乃日久弊生。地方有司贤愚不一，仓正不无偷卖，州县不无亏移，胥吏不无侵蚀，甚至日就歉缺，徒有空名，惟在督抚诸臣随时核实，则仓储自无不足之患。乃若偶逢歉岁，米价稍昂，即当设法平粜，而商贾之居积为害实深，此又地方所宜加意稽查，使市人绝其居奇而粒食皆相通，易此稽积储，即以救荒者也。若夫《元史》所载，河西务十四仓，京师二十二仓，通州十三仓，即今制所由昉，而天庾转输，丁胥丛杂其中，搀和之弊，必宜有以杜之。夫然后旱涝有资，仓储无缺，绰绰乎有备而无患也已。国家三时不害，万宝告成，蔀屋之民，孰不庆穰穰之满家哉？"

对治盗问题，朱次琦则回应道："制策又以安民必先弭盗，弭盗莫如保甲，而欲以耳目至近之事，寄之于里闾相习之人，此尤绥靖群黎之至意也。臣惟保甲之法，实本《周官》比闾之遗意。汉有亭长、啬夫、游徼，凡为此者，皆能修行率民为善之人。唐时里正、坊正，免其课役，亦与唐初贞观、开元之治相为表里，此行之前代而有效者也。惟是营汛、堡墩之设，不能不寄之弁兵；寺院、

庵观之察，不能不责之胥吏。赏罚不明，则兵或纵盗；稽查不力，则吏或藏奸。故同此保甲也，王安石行之，而民不胜扰；王守仁行之，而民借以安。则治法尤贵有治人也。且夫盗之发也，其始或出于一时射利之意，其后或狃于一时好胜之心。古之善于治盗者，龚遂守渤海以散为弭，张敞守京兆以用为弭，尹赏治长安志在诘奸，郭伋治颍川意存安抚，此皆除暴安良之善则也。至于洋面辽远，宵小易生，迫之则潜踪伺隙，缓之则肆掠商旅，是在绝夫接济之源，穷其险要之窟，然后可期清晏也。夫衣食足而礼义生焉，我皇上仁育天下，义正万民，光天之下，皆寰海镜清、方隅砥平矣。"①

朱次琦从重农、爱民、建义仓、治商、治吏五个层面回答改善经济的办法，又从保甲法、筑堡垒、营讯事、治吏、安抚等几个方面论述治理匪盗的策略，无疑体现了其良好的实学修为和扎实的掌故学问，答题至此，试卷本只剩下一个结尾，然据简朝亮所编《朱九江先生集·年谱》记载，当时考试刚刚过中午，主考者便催促考生尽快答题交卷，很多考生向主考官作揖乞求延缓以完成试卷，朱次琦独以乞延有损士子气节，故在只差几个字没写便交卷离开了。这一举动让当时在京的南海籍同乡官员大惊，偷偷跑去找到朱次琦让他回去把试卷答完，但朱次琦并未理

---

① 朱次琦：《朱次琦殿试卷》，《朱次琦集》，第658—664页。

会。这一事件，据简朝亮记述，使得本应荣膺一甲之列的朱次琦最终屈居三甲。

朱次琦选为进士不久，吏部便抽签选派其前往山西省任职。道光二十九年（1849）春正月，朱次琦只身一人离粤，出发前，特作《丁酉祖道祭文》一篇，文中有"守道守官，民几民康"一句，可见其为官的志向与决心。是年冬十二月，朱次琦抵达山西省城太原，因为需次人员众多，并没有第一时间得到任命，遂在省城的浙江会馆安顿下来，候缺上任。相较其他需次者急迫的心态，朱次琦则自言名为游宦，实为游学，他除了广泛搜集有关武备、仓储、河渠、地利方面的书籍增长实学修为，还与山西的士人学子建立广泛联系，增长对山西、内蒙古及边疆各地的见识。

咸丰二年（1852）是朱次琦为官山西期间大展抱负的一年。他先后平定了山西与蒙古边界的民族纠纷，缉拿了襄陵县巨盗赵不棱，治理了襄陵河东的狼灾，并通过实际的地理勘察，解决了襄陵与临汾交界地平阳壶口的水利纠纷，在任仅半年，朱次琦便得到地方官民的广泛认可。我们注意到朱次琦在解决这些具体治世问题时，颇能运用其经世知识来应对。

首先来看平定山西与蒙古边境的民族纠纷一事。当时山西北部的部分土地与蒙古漠南的土地接壤，山西北部的边民遂将蒙古部落不用的土地租下进行农业耕种，但时

间一久，由于地广人稀，界限不分明，竟有多达数万人拖欠租金，蒙古部落表示不满，约期与边民械斗，边民又违约提前偷袭蒙古部落，导致蒙古部落死伤七百多人，蒙古部落将事件上报朝廷，未有下文。咸丰元年（1851），蒙古部落再次上报朝廷讨要说法，表示如不能妥善解决，将用兵漠南。山西巡抚兆那苏图欲剿边境，消息一出，边境形势顿时剑拔弩张。朱次琦听闻此事后认为不能莽撞行以兵事，否则牵一发动全身，影响全国。当时太平天国和捻军之乱已有燎原之势，边境问题如果不能妥善解决，中原也将同受牵连，故提出应通过外交手段解决。抚军赞同朱次琦的意见，遂派其作为使者前往边境谈判。朱次琦首先来到边境汉民一方，将其中耆老找出询问，抓了带头作乱者十三人前往蒙古部族。刚开始时，蒙古部落以抵罪人数太少为由，不愿和解。朱次琦遂宣天子意，称死亡者多数为动乱时踩踏造成的意外，不如按照蒙古的藏传佛教宗教信仰，与其杀戮报复，不如请喇嘛超度亡灵。朱次琦以尊重蒙古族习俗的方式，提出"言血刃寻仇不如喇嘛礼魂"来缓解民族纠纷，起到了很好的效果。他在处理蒙古边界的民族纠纷时，还特意邀请五台山的藏传佛教喇嘛德彻同行，全程"卒用藏事"，使得蒙古王公贵族被朱次琦的礼节和风度打动，一场一触即发的边境动乱就此和解。

当年七月，朱次琦赴襄陵县任县令。当时襄陵县有一个大盗叫做赵三，朱次琦上任前假装生病，故意迟到三日，使得赵三放松警惕，朱次琦其实已暗中得知赵三下落，趁其不备将其逮捕。又如当时襄陵河东闹狼灾，当时已经到了悬赏万钱捕狼而无获的地步，朱次琦发现狼灾不治的根源在于当地居民由于惧怕狼，竟将狼视为神物，偷偷形成了祀狼的传统，故而果断找到祀狼所在地西山神祠，提出不灭狼则毁祠，居民震动，迅速解决了狼灾。此外，朱次琦非常注重地方士风与民风的教化和养成，为县中士子颁布读书日程，每逢邑考试日，必亲自校改文章试卷，并且提高士子的助学补贴。在处理地方上大小诉讼纠纷时，朱次琦也能先行教化之责，不以刑威施民，充分将儒家传统中潜行教化、变化风俗，使民无争自治的观念与为官治行的实际相结合。

咸丰三年（1853），太平天国兵临山西，朱次琦向时任抚军哈芬上《晋联关陇三难五易十可守八可征》之策①，其策略曰："雍冀为天地积高之府，踞建瓴之势，我力能合从，则腹背无虞，顾瞻关陇，唇齿依之矣。晋中富实甲天下，内而马牧、金铁、硝磺、刍粟之产，外而蒙古、察哈尔之兵，踊跃征需，可饶军实，长安称陆海，豪户不减晋中，河西武力，关外防秋，皆缓急之资也，一旦有警，甘督出商汉，陕抚据潼关，与吾为犄角，吾抚军则率北镇

---

① 简朝亮：《朱九江先生集·年谱·咸丰三年》，《朱次琦集》，第31页。

劲旅，扼河为固，踞茅津太阳之间，命廉使率南镇，控太行以防河北，其余若辽州之十八盘，平定之井陉口，五台之黑山龙泉诸关可丸泥封也。北边幸无事，将军引绥远旗兵入镇行省，与藩侯居守副都统移驻大同，以笸北门。我师之出平蒲为正，泽潞为奇，正扼其亢，奇捣其背，以守则固，以征则强，是故汉南有贼，甘督为主，秦晋赴之；河北有贼，我师为主，关陇赴之；豫中有贼，我与甘军之赴陕抚者亦如之。坚瑕一气，折冲千里，此常山蛇势也。于以鞭箠楚蜀，控引河洛，援中原以屏蔽京师，岂不为桓文之烈哉。其条目又有止征调、请便宜、严赏戮、作忠谊、右军谋、选锋锐、讲捗循、禁科派、保殷富、息流移诸政，洒洒万言，穷日属稿。"朱次琦认为需要在山西境内相关重要关卡、河流设置防御措施。然而山西抚军哈芬认为朱次琦的建议"谓之先事豫防也可，谓之未事张皇也亦可"，竟全不予采用，朱次琦遂称病去官。

咸丰三年（1853）春二月八日，朱次琦离开襄陵县，其在任共一百九十天。据简朝亮《朱九江先生集·年谱》所记，朱次琦离开襄陵当天，襄陵百姓如失父母，众人齐聚县府，请求朱次琦留下。朱次琦离开县府时，有数万百姓聚集，府城大门和汾河上的桥梁都被撞坏塌陷：

> 春二月癸未八日，先生去襄陵。在任百九十日，及代而去，邑人吁大府乞留，不获命。举邑皇皇如失慈

母，投文字缴盖者，絮絮荐积，虽慰遣之，弗止也。乞留画像养中堂，出署之夕，万众攀留，遮马首不得前。及城门，门为之圮。度汾桥，桥为之陁。父老持觞榼伏饯，顶踵相抵。里妇村娷，亦绷小儿远至，匍匐跪道，乞摩儿顶曰："耶试摭之，儿好育也。"距郡三十里，乃两昼夜，然后达。当陁桥时，郡邑子襕衫博带百十人掖舆而过，先生逊让，诸生谓舆仆固弟子职，弗舍也。先生既去，邑人遽祀之邓伯道祠，旋筑祠而祀之。晋人郭学士景僖曰："山西贤令，程明道后一人，其先生乎？"贾太仆克慎曰："良吏出晋阳者，有于青天。先生来若相还也。"晋人称之曰："后朱子。"①

离开之前，朱次琦为襄陵百姓留下"焚汾河之舟，毁城外之室，贼至，既不得渡，又无所掠，此城必可完也"之计。当年八月，太平军由扬州北上入晋，喋血千里，哈芬闻难先逃，被革职戍边。唯襄陵因坚守朱次琦遗计，依据地形优势，未受兵乱破坏。

---

① 简朝亮：《朱九江先生集·年谱·咸丰三年》，《朱次琦集》，第30页。

第五节　订交王筠

官赴山西的七年时间中，是朱次琦思想走向成熟的重要阶段。在这一阶段里，他不仅出于为官过程中各种实际事务的需要，增进了实学修为，还通过与北方学者王筠的交往，对训诂学的新发展有所体察，扩大了学术视野。

王筠（1784—1854），字贯山，号菉友，山东安邱宋官疃人，道光元年（1821）举人，文字学家，代表作《说文句读》《说文释例》《说文系传校录》《文字蒙求》《鄂宰四稿》等著。《清史稿》称"筠治《说文》之学，垂三十年。其书独辟门径，折衷一是，不依傍于人，论者以为许氏之功臣，书桂段之劲敌。"①后人亦将其与段玉裁、桂馥、朱骏声并称为清代《说文》四大家。道光

---

　　① 赵尔巽等：《清史稿·儒林传》，中华书局1977年版，第四十三册，第13280页。

二十九年（1849），朱氏官赴山西，据王筠《记朱子襄》所述，二人次年在省城太原一见如故，遂定忘年之交。

咸丰三年（1853），太平天国祸及山西，朱次琦向时任抚军提出对策，不得用，决意南归，并在《又答王萲友书》中，向王筠表达了自己未来的学术志向。一年后，王筠去世。二人交往文字，今多存见于《朱九江先生集》《朱氏传芳集》《清诒堂文集》。对朱、王二人学术往来的梳理，为了解朱氏生平提供了新的图景，也对获知朱氏南归前后的思想变化有所助益。据《记朱子襄》所记录，可以推断二人相识的具体时间，是在朱次琦需次山西的第二年，即咸丰元年（1851）：

> 南海朱子襄，名次琦，需次于晋。辛亥冬，余于役省城，一见如故。壬子夏，余摄曲沃，子襄摄襄陵，顾不得时见，然每见辄加亲爱余出于寻常……①

如引文所述，朱、王一见如故后，便建立了往来联系。壬子年间，二人互动颇为频繁，在《朱九江先生集》收录的《答王萲友书》中，对这一时期二人的交往有所记录。王筠在山西为官十年可谓他学术生涯的黄金阶段，当

---

① 王筠：《记朱子襄》，《清诒堂文集》，齐鲁书社1987版，第177页。

时他的说文研究也已具备一定声望，相与从学者有百余之众，上述书信中提到的"大著鄂宰四稿"正是王筠官任山西乡宁时完成的四篇著作：《夏小正正义》《弟子职正音》《毛诗重言》《毛诗双声叠韵》。如信中引述所见，朱次琦不仅对王筠之学表达出了极大的兴趣，对王筠本人亦评价极高，称赞他"续百年来经师之绪"。不过若仅据此推论二人关系，仍显武断。这种赞美也很可能只是因王筠当时在山西学界影响力，朱氏出于文人相交的基本礼貌而撰述的客套话。但从王筠后来在《记朱子襄》中对朱次琦对他的"亲爱余出于寻常"的描述，我们可以判断朱次琦对王筠之学的推崇并非出于表面的恭维：

> 若夫子襄之爱余，尤出望外。凡余已刻之书，皆赠之矣。乃索刻而未成之《句读》，辞以来春寄赠。则以平阳颜玉农，固其乡人，是可托也，乃坚索草稿以去。更有奇者，索余小照。窃以此生有亦如无，未尝作此。乃数经执讯，不能固辞，适翼城焦文起在署，使绘以相应。且告余曰："敝乡刻资廉，君所著书，不过数百金，可以尽刊。意非为君，又非为己，将使三江浙闽之士，共明《说文》之学也。"子襄之意，非所克堪，盖其家太和洋溢，故其于人也，苟有豪发丝粟之长，辄相矜重如此。平生所交之友，缠绵恺恻，以何子毅为最，而犹少逊于子襄。以余得此，

诚逾量也。①

朱次琦为官山西期间，不携家人，不仅施政得力，且清廉非常。南归至福建时，身上已无余资，只能将裘衣典当以资路费才回到了广东。考其经济来源，多靠族内亲友接济，实际并不富裕，直至晚年，方将读书、为官期间所欠亲友的财资归还完毕。而这之中，帮助王筠刻印《说文句读》所花费的数百金占据了多少，已不可考，但刻书之事在朱次琦筹划南归期间至王筠的信中已得到了证实，书当时确已在刻印：

> 菉友先生阁下：别后刻欲走谒霽除，饫承德范，不意后政刘君，延至二月上旬，始行接篆。卸署后，又为交代一节，絮絮至今，琐屑凡猥，最不堪为长者告。日来乃渐有成议，一得藏事，便如脱鞲之鹰，不复能暂羁此地矣。仆南归之议，往复自决，然江楚阻兵，竟未卜戒途何日。意两人继见之缘，苍苍者尚犹未靳，故迟迟我行邪。句读镂板，一两月想可告竣。大著中有未刻，望分录给……②

---

① 王筠：《记朱子襄》，《清诒堂文集》，第179页。
② 朱次琦：《又答王菉友书》，《朱次琦集》，第151页。

假若违心称赞一个人的学识容易，那么不但称赞其学术，还拿出数百金助其书刻板就似乎不是那么容易的一件事了。朱氏不但承担了《说文句读》的刻印费用，还愿意继续承担王筠其余未刊著作的刻印工作，由此不难推断，朱次琦与王筠的结识相交，确可谓一见如故。他对王筠激赏和助其印刻《说文句读》的义举，让当时这位已经跨过七十高龄的鸿儒硕学感动不已。

咸丰四年（1854），太平天国军队由河南入晋，朱次琦此前献策中的预测多数成为了现实，山西一省众地生灵涂炭，此前极力推陈朱次琦献策的平阳太守何维墀壮烈牺牲，抚军哈芬竟闻难出逃，唯独襄陵城因坚持朱次琦守策而得以完璧。此时，暂居五台山躲避兵祸的朱次琦，在混乱的局势中，亦不忘关心王筠的处境，而王筠在得知朱次琦即将离晋，亦积极为朱次琦提供消息。二人此时多番书信往来，为获知朱次琦南归前的思想状况及未来的学术抱负，提供了重要的参证。朱次琦在信中写道：

菉友先生阁下：岁月易得，违侍遂已一年。孑孑行路，间以兵荒，笺讯遂稀。同此邦域，辄已如是，异时东海南海，津涉万里，其为契阔，可胜道邪？比奉五月十六日惠书，劳问甚厚，益用惶愧。又省知动静多豫，且浩然决引身之举，甚慰甚慰。昔人所谓其出也若云，其处也介于石，恢恢乎自我屈伸，与道圆方者也，瞻佩无任。仆去夏反自襄陵，即以不才自弃，申请往复，岁尽乃获给咨，而江楚两路，均已不可行矣。中间曾肃手书，具述归里后，当仿温公、蜀公故事，僭为阁下撰传，以贻学者。并陈属草雌槐癭赋，仆速寡韵，尚须润饰。今承督促，则知此简未达签帻，不审何处洪乔，竟尔沈置，奈何。平阳陷没，公私涂炭，其为酷毒，如何可言。方春衒觌，风日正繁，冠缨之徒，鱼鳞杂集，太守留髡送客，接杯举觞，竹肉纷流，谭谐间作，白日既匿，继以脂烛。当斯之时，都市如故也，士女如故也。春容愉夷，昌丰润泽，何图数日之间，陵谷迁贸，府主寅僚，溘焉顿尽，甚可痛哉。以此忽忽，怳若有亡，加以宿食东西，车不绝轭，鞭缰稍休，颇欲修理故业，而忧从中来，停简辍毫，感旧伤怀，潸然流涕，诚不复能措意文字间矣。近难栖寻旧宇，譬如池鱼笼鸟，时有山薮江湖之思。设秋后内地仍不可通，决意道津门航海归矣。幼安危坐，巢父掉歌，古之人有行之者，丈人闻此，必谓生好勇，过矣过矣，哂之邪？悲之邪？大著《释例补正》，益复精博无余憾，《说文句读》刻成，幸更觅便惠致。世难方殷，靡知所底。项领之叹，诗雅以嗟。然窃惟自古泯棼之会，元黄戈马之秋，天命民彝，必不可以一朝绝。不绝则宜有所寄，寄斯钜者，宜在修学好古之儒，秦氏以还，如伏胜、

申公、许郑、二刘、熊安生之伦是也。阁下勉旃，自
爱而已，顷何以为娱，颇复有所造述否。仆既不作河
东之行，无缘复诣大冶，悠悠之别，道阻且长，知复
何时，更得一面，能重奉皋比，开吾抵掷不？南望于
邑，辞不叙心。六月廿有八日，琦再拜掷。①

"违侍遂已一年""重奉皋比，开吾抵掷"无疑反映
了朱次琦在山西期间，视王筠为师，积极向王筠请益的实
情，"方春衔觞，风日正繁，冠缨之徒，鱼鳞杂集，太守
留髡送客，接杯举觞，竹肉纷流，谭谐间作，白日既匿，
继以脂烛。当斯之时，都市如故也，士女如故也。春容愉
夷，昌丰润泽，何图数日之间，陵谷迁贸，府主寅僚，溘
焉顿尽，甚可痛哉"一段，则犹如一幅浮世绘，形象地展
现了太平天国战乱前后，山西一省在数日之内，便由康宁
繁荣转入生灵涂炭。"天命民彝，必不可以一朝绝。不绝
则宜有所寄，寄斯钜者，宜在修学好古之儒，秦氏以还，
如伏胜、申公、许郑、二刘、熊安生之伦是也"除了表达
了朱次琦对训诂学的尊重与肯定，亦由衷展现朱次琦此时
已"幡然有南归著述之思"②。王筠收到此书不久便很快回

---

① 朱次琦：《去襄陵后答王菉友书》，《朱次琦集》，第
151—153页。

② 简朝亮语，参见《朱九江先生集·年谱·咸丰三年》，《朱
次琦集》，第32页。

信给朱次琦，他在《复朱子襄》中写道：

> 弟素不喜名士之称，以其本出《吕览》也。尝著论非之，故客都中者廿余年，陈伟堂协相，不登其堂者十载；王薲堂侍郎，只一入其门，皆有申骆苏曾者也。凡官至三品，辄辍其往来，以为其位既尊，其任必巨，无论所以自待者何如，我必当以柱石待之，将谈时政，是越畔也；将问经义，则都中人海，何求不得，而必于大人先生之门，是恩之也。是蠹国害民之罪，皆丛之我也，不独曳裾侯门，之为一己耻也。弟所私淑者，高邮王氏两先生也。诸城李方赤璋煜出尚书门，欲介我往受业。笑谢之曰："惜其为大官耳，否则不介而孚矣。"惟何子贞、子毅昆季，殷殷下交，祁春翁夫子，所以罗致而拂拭之者甚挚，此在辛丑正月，是科舍弟范出其门。又游扬于三天巨公，未尝敢夤缘突梯之，以辱恩门。既见春翁，终岁皆两三次也。其固陋不堪自呈之效，可见于前事矣。宦晋十年，又得三兄与雯溪兄，厚加期待，自揣薄劣，所受逾量，以为荣名即已弥加，将持来函归诧乡人知言者，使得知通儒之品题矣。①

---

① 王筠：《复朱子襄书》，《清诒堂文集》，齐鲁书社1987年版，第161—162页。

王筠在此信中，不仅将毕生求学经历悉数告知朱次琦，还以自己为例，谆谆告诫朱次琦，著书立说并非易事，首先便要先绝名利之事，不求与达官贵胄相往来，不轻易谈论与著述无关的时政，由此方可专心于知识本身。王筠虽然极度仰慕王念孙、王引之父子的学问，并以私淑之意推崇二氏，但当有机会亲自拜门时，则介于二人当廷为官，已非专心学问之身份，故拒绝了这难得的机会。王筠以"通儒"称赞朱次琦，一方面是对朱次琦"不分汉宋"，试效仿朱子《八朝名臣言行录》与黄宗羲《明儒学案》撰写《国朝名臣言行录》的肯定，另一方面似乎也隐约告诫朱次琦，为学与为官，不可兼而得之。这年底，王筠便因病去世了，这封书信，也成了现存文献中，二人往来最后的存证。

第六节 南归学旨

咸丰五年（1855）朱次琦从山西返回广东，当年正值清廷与捻军、太平军在北方激战，沿途兵荒马乱，朱次琦行至江西赣州时已路费不足，皆因其为官七年未受民脂一分，勉强通过典当冬季裘衣方凑足归訾，又经历多番波折，终于在当年六月翻过南岭回到广东南海。归乡后第二年（1856），朱次琦于县邑学尊经阁授徒讲学，一时旧时门生及乡党子弟皆从之游。是年九月，第二次鸦片战争爆发，为躲避战祸，朱次琦暂时辞别学子，从县邑学退隐南海九江乡里。接连不断的战败消息传来，朱次琦为国事感到深切悲哀，但他此时已绝意官场，下定决心将全副精力用于著述与讲学。

咸丰七年（1857），朱次琦避居于九江乡中先人祖屋，并在旧房旁搭建了几间简易茅屋用来放置历年来游宦游学随身购置的万卷书籍，从游学子苦于无居伴读，请求

朱次琦另选他地讲学。咸丰八年（1858），朱次琦于九江乡南方忠良山（旧名礼山）下陈氏祖祠（学者称为礼山草堂）开启了长达23年的讲学生涯，九江先生之名亦由此而起。

朱次琦南归之际，他的山西门人王璲曾这样描述对老师学术宗旨的体认：

> 先生之学，平实敦大，不涉丛碎，亦不为性命高谈。居家则孝友，居官则惠慈，以及物为功，以忘己为大，以无欲为至，器量闳邃，浑浑然喜怒不形。当辞受取与去就之交，则介然有执，处众中尤简重。及夫谈经世大略，则援证今古，会文切理，鸿謩疏析，听者心目为开。[①]

朱次琦在山西为官期间，广泛搜集了武备、仓储、河渠、地利方面的经世书籍，他戏言自己是以游宦之名行游学之实，对于经世之学的研习，既是朱次琦为官山西7年之中治学方向，也奠定了其日后研学讲习的中心宗旨。决意南归之后，他写信给王筠话别，信中还特意表达了自己未来的治学和著述目标：

---

① 王璲：《稚圭先生画像》，《朱次琦集》，第210页。

仆南归之议，往复自决，然江楚阻兵，竟未卜戒途何日。意两人继见之缘，苍苍者尚犹未斳，故迟迟我行邪……若行箧携有家集及乡先正名集，亦分数种，拙辑《国朝名臣言行录》所取资也。此书成后，尚欲仿黄梨洲《明儒学案》，辑一书以著我朝一代儒宗，顾不欲分汉学、宋学，如江郑堂《师承记》云也。见闻隘陋，未知果有成否。其例略容写录就正。大约月终乃到，山川回洑，我劳如何。复启不尽偻偻。二月九日，琦再拜。①

《国朝名臣言行录》一书其实是朱次琦自青年时期便立志纂写的一部著作。据王筠《记朱子襄》中回忆，朱次琦是在少年时期于阮元幕府读书期间看到了阮元所编《国史》相关文献，便始留心清朝"名公巨卿之事迹"。后程春海主试广东期间，朱次琦得到程氏赏识，程氏将家中富藏的名人文集、巨卿志传借给朱次琦抄录，遂奠定了朱次琦撰述此书的基础。②而朱次琦所言的"欲学不分汉宋"之

---

① 朱次琦：《又答王箓友书》，《朱次琦集》，第151页。

② 程春海（1785—1837），名恩泽，字云芬，号春海。安徽歙县人，阮元再传弟子，历任贵州、湖南学政，内阁学士，礼、工、户部侍郎，经筵讲官等职。精于许慎之学，曾有"为学不先识字，何以读三代秦汉之书乎"之论。姚用朴：《旧闻随笔》，安徽古籍出版社1989年版，第226页。

学术旨趣，则源自于他对清代学术风气的反思。

经历了康乾盛世的繁荣后，嘉庆、道光、咸丰之际的中国，从经济、政治、社会治理各个方面呈现出由盛转衰之势。官吏贪腐，边疆叛乱以及太平天国、捻军的祸乱，加之西方列强的崛起和入侵，使得有识之士意识到国家亦亟需经世之才以补充，而培养能够提振学风与士风人才成为首要目标。

乾隆、嘉庆两朝以来，经学大热，以训诂考据之学为特点汉学占据学术主流话语，乾嘉汉学历经百年繁荣，与此同时，其学术规模狭碎，尚门户之见、远离现实等诸多弊病也逐渐显现和日趋严重。这一时期涌现出一大批有着挽救时世觉醒意识的士子学人，如唐鉴、吴廷栋、倭仁、曾国藩、郭嵩焘、方东树等学者都不同程度表达过对汉学热潮的反思，呼吁重视经世之学。简朝亮在《朱九江讲学记》中所述朱次琦南归之后讲学的首要精神就是要士子学人意识到治学应以"不分汉宋"为中心旨趣：

每闻先生曰："乌乎！孔子殁而微言绝，七十子终而大谊乖，岂不然哉。天下学术之变久矣，今日之变，则变之变者也。秦人灭学，幸犹未坠。汉之学，郑康成集之；宋之学，朱子集之。朱子又即汉学而稽之者也，会同六经，权衡四书，使孔子之道大著于天下，宋末以来，杀身成仁之士，远轶前古，皆朱子力也。朱子百世之师也，事师无犯无隐焉者也，然而攻之者互起。有明姚江之学，以致良知为宗，则攻朱子之格物。乾隆中叶至于今日，天下之学，多尊汉而退宋，以考据为宗，则攻朱子为空疏。一朱子也，而攻之者乃相矛盾乎？学术之变，古未有其变也。乌乎！古之言异学者，畔之于道外而孔子之道隐，今之言汉学、宋学者，咻之于道中而孔子之道岐，何天下之不幸也。彼考据者，不宋学而汉学矣，而猎琐文，蠹大谊，丛胜无用，汉学之长，有如是哉？孔子曰：'德之不修，学之不讲，是吾忧也。'吾今为二三子告，蕲至于古之实学而已矣。学孔子之学，无汉学，无宋学也。修身读书，此其实也，二三子其志于斯乎？"①

有学者曾指出，嘉庆、道光之际的社会政治危机首先是吏治危机，而吏治危机突出表现在官场道德危机和官场人才危机两个方面。就官场道德危机而言，作为官员必须遵守的为官行政准则失效，集中表现为贪污腐化，酷烈虐民，欺骗蒙蔽，漠视民生等多个方面。而人才危机又表现为过往的选拔机制和道德机制失范，扼杀具有创造力的人才。②

---

① 简朝亮：《朱九江先生讲学记》，《读书堂集》卷一，1930年刊刻本。

② 张国冀：《清嘉庆、道光时期政治危机研究》，湖南大学博士学位论文，2011年。

朱次琦在廷试上以及山西官场的遭遇，印证了这一历史现状，而多年以来身历清代汉学大盛的观察与反思，使朱次琦意识到乾嘉学术的黄金时代及其学术影响并未能够给积弊已久的国家提供一个妥善的诊疗方案，反而是旧有道德观念愈发沦丧，失去了对士人阶层的教化能力。这也是他为什么在讲学中反复批评汉学家在编史著说的过程中仅因门户之见，便将具有教化精神的朱子学者排斥在主流的学术话语之外。

朱次琦在山西为官七年，以"后朱子"之名誉归岭南，实则颇具象征意义。朱次琦将朱子标榜为是其终身治学的榜样，其关键之处有二。第一，朱子在学术思想上的特质，相较阳明致良知的中心学旨，更强调读书与知识教化的重要性；第二，朱次琦所赞同朱子学强调的读书与知识的学术宗旨并非清代汉学所标榜和展示的，是以宗经为中心，以做经师为目标，而是始终放眼做一个"通儒"，做一个对天下家国有着深切关怀的人师。故南归之后，朱次琦最关切和试图解决的学术问题，指向的正是汉学大行其道下，"德之不修，学之不讲"风气密布导致的学术不能切身致用的弊端。简朝亮在《朱九江先生讲学记》记录了朱次琦讲学中所言，颇能应证如上观念：

　　先生曰：读书者，格物之事也。王姚江讲学，讥朱子读书曰："致良知可也。"学者行之，流弊三百余年。夫良知良能，皆原孟子，今举所知而遗所能乎，既不读书，何以致良知也？不读书而致良知，宜姚江不以佛氏明心为非也，此心学之弊也。子路佞于孔子曰："何必读书，然后为学。"则孔子之读书为学，其常也。昔者姚江谪龙场驿，忆其所读书而皆有得，姚江之学由读书始也，故其知且知兵，其能且能御乱。

先生曰：韩子云："士不通经，果不足用。"然则通经将以致用也，不可以执一也，不可以嗜璪也。学之而无用者，非通经也。董子云："《诗》无达诂，《易》无达占，《春秋》无达辞。"此董子之能通经也。孟子言："诗皆无达诂。"班氏云："后世经传既已乖离，博学者又不思多闻阙疑之义，而务碎义逃难，便辞巧说，破坏形体，说五字之文，至于二三万言，后进弥以驰逐，故幼童而守一艺，白首而后能言，安其所习，毁所不见，终以自蔽，此学者之大患也。今之汉学，其免班氏之讥否也？"

乌乎！有明季年，流贼乘之，今吾衰矣，金陵之盗，忧方大也。孟子曰："下无学，贼民兴。"可不惧哉？[1]

---

[1] 简朝亮：《朱九江先生讲学记》，《读书堂集》卷一，1930年刊刻本。

　　南归广东后，朱次琦一直秉持"汉宋兼采"的学术大旨，并在晚年以回归孔子之学为宗旨，提出"孔子之学，无汉学无宋学"，以博雅通达的修身四行和读书五学论施教于岭南的士子学人，而他终身拒绝学海堂学长一职，亦可视为其终身独立治学精神的辟立。因为在他南归之后的学海堂，显然已成为了一种旧学的代表，不再能够为当下时代教化提供答案。

第三章

九江学派的思想特色

第一节　教化为先

　　《礼记》中孔子说道："入其国，其教可知也。其为人也：温柔敦厚，《诗》教也；疏通知远，《书》教也；广博易良，《乐》教也；洁静精微，《易》教也；恭俭庄敬，《礼》教也；属辞比事，《春秋》教也。"孟子也曾教导弟子万章："一乡之善士斯友一乡之善士；一国之善士斯友一国之善士；天下之善士斯友天下之善士。以友天下之善士为未足，又尚论古之人。颂其诗，读其书，不知其人，可乎？"可见无论是读书论学，还是知人论世，在儒家的思想观念里，知识与才能必须以美好的伦理道德为根本，而一个地方的风俗是否醇厚，教化是否完善，从这一地方士民风气即可感知，而地方士民风气的形成自然需要时间的积淀，这其中既离不开地方自身长久的文化积累，也取决于是否有一位或多位能够教化士风民俗，以身作则，树立高尚的道德典范的淳儒大士。

朱次琦显然是一位符合"乡之善士""国之善士"标准的真淳儒。今天，我们如果来到南海九江镇上位于南海九江中学内朱九江先生纪念堂参观，除了会被纪念堂恢弘的气势所震撼，有一块挂在纪念堂正中、由朱次琦亲自题写的牌匾——"颂先人之清芬"颇引人注目。据朱次琦弟子简朝亮在《礼山纪闻》中记述，这一法承欧阳询、虞世南书风写下的牌匾，是朱次琦亲自为朱氏祖祠所题，原挂在祖祠的东厢房上。

作为晚清岭南大儒和九江学派的开创者，朱次琦一生致力于将儒家学说融粹于道德践履的现实活动之中。从其南归之后建立读书草堂授徒立教，到临终前抱病仍在修订著述，朱次琦始终没有忘记教化这一儒家思想中心原则。作为一位出生成长于中国传统的宗族大家庭中的学者，朱次琦辞官归里后，日常生活也主要围绕与教化有关的三项事业展开：著述、讲学和积极投身敦厚地方士风、民风与宗族文教的活动。

我们首先来看朱次琦的著述。据简朝亮在《朱九江先生集序》中记载，朱次琦生平的学术方面有七部著述，前五种分别为《国朝名臣言行录》《国朝逸民传》《性学源流》《五史实征录》《晋乘》，另外两种书名未定的著述，一种是"论国朝儒宗者，仿黄梨洲《明儒学案》而不分汉学宋学，以辨江郑堂《师承记》之非"，另一种是关于蒙古的见闻，其撰写旨趣在于"勤北边也"。如前文已

指出，朱次琦所处的年代，正值乾嘉汉学全盛，岭南一域的学术风气也深受汉学影响。如果我们今天翻开这一时期代表清代汉学和岭南汉学的代表性大型学术集著《皇清经解》和《学海堂丛刻》时，就会注意到当时大部分学人士子都将精力专注于经学的训诂和考据之上，而很少有学者像朱次琦这样专注于"以史证经"，甚至敢于高谈"性理之学"。简朝亮曾指出，九江先生撰写这些著作的最根本目的是推行教化，因为在朱次琦看来，任何著述都要满足社会、时代之需。

《国朝名臣言行录》是师法朱熹的《八朝名臣言行录》。朱熹在此书中记述了赵普、范仲淹、胡瑗、孙复、石介、苏洵、韩琦等跨越北宋太祖、太宗、真宗、英宗等八个朝代数位名臣士大夫的言行事迹，据朱熹《自序》中说道，他撰写这部书时认为"观其所载国朝名臣言行之迹，多有补于世教者"。朱次琦也希望像朱子一样，能从清朝历代的政治精英中寻找那些能够为时代提供政治教化的典范，通过发扬他们的言行事迹，以此作为士人学子为官经世的榜样。

《国朝逸民传》一书的撰写，则是继承了孔子《论语》以来，儒家对于历代遗民阶层的精英学行的记述和阐扬。在孔子看来，国朝更迭，时代兴衰，既是流民四起，也是人才落难的时代，一个伟大的时代不仅在于对于上一时代的反叛，也应对于过往时代优秀的传统和经验予以承续，正如孔子在《论语·尧曰》篇中说道："兴灭国，继绝世，举逸民，天下之民归心焉。"《论语·微子》篇中也列举了伯夷、叔齐、虞仲、夷逸、朱张、柳下惠、少连等遗民人物，并对他们道德学行进行了评判。在朱九江看来，《国朝遗民传》的撰写，应如孔子对柳下惠的肯定，将那些拥抱新时代的前朝旧子的事迹予以客观记录和评述，正如孔子评价柳下惠虽然"降志辱身"，但其"言中伦，行中虑，其斯而已矣"的道德学行仍有肯定的价值。

　　《性学源流》一书的目的在于"沦本决支"，其关注的重点在于厘清宋元明清理学发展过程中道统与天道心性等问题的本末源流，在朱次琦看来，理学虽然深奥，但其探讨性理的部分与士子日常的一言一行息息相关，其大者牵涉到儒家人伦关系与价值的本质意义探讨，尤其重要，故他说："读性理之书，然后能反身修德，将见己病痛驱除，由博返约，然后知性命源头，虽躬身施天下，泽及一时，亦分内事，如父母授子一家事，成非己功，其不成则己咎，如此将任咎之不暇，何暇计功。"[1]（《朱子襄讲义》）又指出："儒宗性学，发之而为政术，尚之而为风俗，得失虽微，即于中国人伦之大，天下强弱安危所存者，则尤属意而不敢草草焉。"[2]这本著作和后来仿黄宗

---

① 刘熽芬：《朱子襄先生讲义》，光绪十年（1884）钞本。
② 简朝亮：《朱九江先生集·年谱》，《朱次琦集》，第54页。

羲《明儒学案》"论国朝儒宗"的著作旨趣一致，都是基于对明清心学和汉学发展的深切批判。在朱次琦看来，阮元、江藩通过编写《皇清经解》《国朝汉学师承记》等著作，在张大汉学的同时，忽略了理学固有的价值，故而他有意表彰"国朝儒宗"，试图在汉学家的谱系之外，为清代历朝专精于程朱理学学说的学者著书立传。

《五史实征录》则是朱次琦关于宋、辽、金、元、明史方面的史学考证著作，其创作目的在于"采古资今"。众所周知，由于清代的地理面积大大超过了前朝，关于西北史地和少数民族地方政治民俗方面的知识学问构成了清代学术中重要的一部分，史学知识谱系也随之扩大，《晋乘》和另一种关于蒙古见闻的著作，都兴始于九江官任山西的七年循吏生涯。其创作的背景，也与朱次琦为官山西，靠近西北，日常所见所思相关。朱次琦北上之初，便重视史学和善于搜集与经世之学相关的文献材料，他自称名为游宦，实为游学。由于对于西北史地和地方民俗文化的充沛的知识储备，当咸丰二年（1852）山西北部与蒙古交界地带发生民族冲突，兵乱一触即发之际，朱次琦为当时的按察使潘铎出谋划策，亲自出使蒙古，运用藏传佛教的知识和对地方民俗的充分尊重，打动了蒙古部落的首领，顺利化解了危机。

朱次琦辞官归里之后，在著述之外，另一项重要的事业是授徒讲学。在九江门人笔记如《朱九江先生经说》

《朱九江先生论史口说》《朱子襄先生讲义》等现存文献里，我们注意到朱次琦在讲学中总是不忘提醒学生关心时事，立经世大志，而非汲汲于琐碎的考据、训诂学问。在九江的嫡传弟子和再传弟子中，接连涌现出了康有为、简朝亮、梁启超、邓实、黄节等一大批影响中国近现代历史进程的学者大家，探讨其背后的原因，无疑在于，朱次琦在日常教学中，提出与乾嘉汉学截然不同的"四行五学"的教学方式，强调以行为先，抓住儒家的教化宗旨，在教学上强调先立志修身，进而以经史之学为本，博观约取，兼及掌故、性理、辞章之学。

著述和讲学之外，在宗族与地方教化上，朱次琦也投入了大量精力，致力于《南海九江朱氏家谱》（下文简称《家谱》）《朱氏传芳集》《九江儒林乡志》的倡修和编纂。这三部著作，也是今天存世的九江遗著中最为完整的著作，在《南海九江朱氏家谱序》中，朱次琦自言编纂《家谱》的中心目的是在世风日下的背景之下，正人伦风俗："次琦行四方久，窃慨风俗日益以敝，而亲情日益衰，不啻汉史所称'斗粟尺布而骨肉不相容'者。"①而编纂《家谱》不仅能够教化后人，其本还在于使族人明宗族互助之本，"咸喻于古者宗谱相维遗意"，进而明人伦秩序，"使内外有别，长幼亲疏有序"，进而推己及人，使

---

① 朱次琦：《南海九江朱氏家谱序》，《朱次琦集》，第161页。

乡里互爱互助，"有无相赒，吉凶患难相恤"。通过宗族亲里的团结和济贫济弱，使宗族邻里之间"毋以财失义，毋以忿废亲"，并借助"腠腊祭飨饮食"等宗族日常活动，进一步促进宗族和地方和谐，最终达到敦厚一乡风俗的目的。

《朱氏传芳集》《南海九江朱氏家谱》《九江儒林乡志》的编纂刊刻，促成了九江一地敦厚风俗的养成，起到了"扬厉宗功，光宣嗣德，烜赫鸿懿"的教化目的。对过往的宗族典范、文脉的表彰、传承和对优秀的地方制度的长久建设，不仅使九江一地优秀的传统能够日久不湮，还增强了其作为宗族共同体抵制外部恶劣环境影响的免疫力。如清末民初，政治腐败，广东各地多松弛赌禁用来创造税收，当时军阀陈炳焜、李耀汉等人控制广东，广东只有惠州龙川、和平、连平、长泰四县未开放赌业，九江一地因是朱次琦遗族所在之地，早已形成杜绝赌博的风俗，世人悉知。腐败军阀惧于民变，在四县之外，唯准许九江一地不予开赌，并免缴赌税。[1]

---

① 邹海滨：《赌祸》，《建设》第1期，1919年。

第二节　修身四行

九江学派以修身四行、读书五学说为施教的核心纲
领，其中修身四行分别为："惇行孝弟、崇尚名节、变化
气质、检摄威仪"。据九江门人记述，朱次琦在讲学中声
明修身四行说源自朱熹的白鹿洞《小学》篇中的修身条目
的提炼，朱次琦认为朱子将儒家立身的宗旨解释得非常透
彻，但是相较《小学》篇中的较为繁琐的规定，朱次琦结
合他对理学修身理论的认识，提炼出了四端，我们先来看
第一条："惇行孝弟"。

儒家历来重视孝与孝道。孔子说："弟子入则孝，出
则弟，谨而信，泛爱众，而亲仁。"①孟子也说："孝子
之至，莫大乎尊亲；尊亲之至，莫大乎以天下养。为天子

---

① 杨伯峻：《论语译注》，中华书局2009年版，第4页。

父，尊之至也；以天下养，养之至也。"①从孝子到天子，在儒家构建的理想的家国伦理秩序中，家与国本为有机的一体，尧、舜、禹、汤、文、武、周公，这些儒家道统谱系中的圣贤，除了是世俗秩序的执牛耳者，在家庭伦理秩序中也有着极高的道德品行，同样是标榜的典范。同样，圣人不必是天子，正如一次一个学生问孔子为什么不从政？孔子回答道："《书》云：'孝乎惟孝，友于兄弟，施于有政。'是亦为政，奚其为为政？"在孔子看来，由父子、夫妇、兄弟、再到朋友、君臣的伦理关系，其核心都建立在以孝为本的伦理价值之上，孝是一切教育的起点："夫孝，德之本也，教之所由生也。"②

朱次琦认为，"孝弟"好理解，但是"惇行"的"惇"字很多人不明白其中的含义。朱次琦解释"惇"为"孝心笃厚"，表达的是一种专注的态度和投入的精神，当孝心能达到"厚之又厚"时，便能"孝弟无歉"。朱次琦将孝分为大孝和中孝和小孝：大孝"委屈承志，视无形，听无声"，中孝"用劳"，小孝"用力"。相较中孝、小孝，九江更推崇"视无形，听无声"的大孝，意在子女思虑周到，能够在问题发生前便悄无声息地把问题解决。在朱次琦看来，世俗中很多人自称有"孝心"，但面

---

① 杨伯峻：《孟子译注》，中华书局2010年版，第199页。

② 简朝亮：《孝经集注述疏》，华东师范大学出版社2011年版，第4页。

对很多具体的情形，往往以各种理由推脱。另者，当与父母发生冲突时，如何能妥善解决矛盾，构成了孝的一大挑战。朱次琦认为，在面对这种情形时，除了"尽其心"外，不能"以义掩恩"，应恰当的"委曲承志"，视其"自悟"。如儒家树立的孝的典范圣贤舜，便能解决父不慈，兄弟不悌的难题。面对父亲瞽叟和同父异母弟象的多次加害，舜屡次化险为夷，却并不指责瞽叟和象，而是使二者自悟。九江又以史为证，举韩琦劝说宋英宗赵曙掌故引申其说，当时英宗有疾，一时朝野震动，有传言太后不利英宗的流言出现，英宗于是向韩琦征求意见，韩琦认为，父母慈而子孝，此为常事，不足道。唯父母不慈而子不失孝，乃可称道。英宗当即为韩琦言说感悟。又如汉代万石君石奋之子石建以孝著称于世，不愿父母以年老致周围人厌，虽官至两千石，仍要亲自侍奉父母。

此外，朱次琦认为，与妻子、兄弟以及同父异母兄弟姊妹相处，也要做到尊重、包容。

朱次琦指出："天下最难得者兄弟，世有以兄弟异母多生变故，岂知母异而父则同，以继统论，则有嫡庶之分，以性天论，实无亲疏之异也。"①他举宋代司马光史实为例，时司马温公已六十余岁，仍侍兄如少时，出入随行，一饭之间而问寒暖者三，令人感怀不已。传统宗族

---

① 刘燔芬：《朱子襄先生讲义》，光绪十年（1884）钞本。

社会有别现代的家庭场景，一个家庭往往是多代同居。朱次琦又举唐人张公艺为例。张家九代同居，一家近千人共居，当时唐高宗李治到泰山封禅，过张公艺家问治家之道，张以"知忍"回应，这个忍在朱次琦看来，正是儒家的"忠恕之道"。这个"恕"有反身自思的含义，如《论语·卫灵公》子贡问孔子："有一言而可以终身行之者乎？"孔子回答："其恕乎！己所不欲，勿施于人。"恕道后来被认为是儒家伦理观念中的"道德金律"，它不是对亲人进行道德施压，而是首先要求人进行自我反思，以推己及人的同理心建构亲亲仁仁的伦理秩序。

修身四行说的第二条是"崇尚名节"。这一条目是朱次琦从朱子《小学》中的"敬身"一条提炼而成。在朱次琦看来，一个人由儿童长为成人，逐步从家庭走向社会，其所应对的对象，也从父母、兄弟、姊妹转向君臣、朋友以及陌生人，在与社会发生接触、与他人进行社会活动的过程中，无论自己身处贫穷、富贵，是否拥有身份、官位，自己的言行举止都应"得其正"，而不应介于交往对象的或高或低的身份，以及自己处境的好坏，忘记辞受与取的底线与尊严。朱次琦列举历史上的人物点评，如西汉末年的王莽便是假行"崇尚名节"，制造八千人劝进的荒唐闹剧，可谓"名节扫地"；而东汉光武帝即位之初便首崇名节，相较东汉末年的曹操推行的不论道德品行只要有治兵治民的本事即为重用的人才政策，可谓重视名节和败坏名节的对立典型。

朱次琦又举清代士大夫的相关典型为例，如康熙末年宰相蒋廷锡，他是苏州常熟人，当时有一位叫做陈祖范的新科进士是他的同乡，蒋廷锡听说陈祖范中进士后就写信给他，劝他拜在自己门下，并保证祖范之后参加殿试能够中状元。陈祖范收到信后大惊，便和仆人说："日后如果我真成了状元，天下人一定会以为我是托了宰相的私人关系。"随后，陈立即离开京城，终身不涉官场。又如浙江汤金钊，十七岁便中解元（乡试第一名），当时权倾朝野的和珅便欲招致汤为门人，汤得知后便不再赴考，直至和珅被诛后才参加会试。朱次琦举这些史实都是想告诫士子道德立身的重要性，而不应成为孟子极力批判的乡愿："同乎流俗，合乎污世；居之似忠信，行之似廉洁；众皆悦之，自以为是，而不可与入尧舜之道，故曰，德之贼也。"①

修身四行的第三条是"变化气质"。"变化气质"这一概念与宋明理学中气化本体的哲学观念有关，北宋学者张载提出了这一概念，其学术原点则可追溯到《尚书·洪范》。张载认为人性有"气质之性"和"天地之性"。"天地之性"为善，而"气质之性"则有善有恶，"变化气质"就是要求人们性情之中的负面气质朝正面变化。九

① 杨伯峻：《孟子译注》，第317页。

江把"变化气质"作为其修身四行论中一环,亦是把它作为一种主动的道德修养要求。在朱次琦看来,气质对于一个人非常重要,一般人的气质或偏向于刚,或偏向于柔,当遇事之时,刚性之人容易以急躁误事,柔性之人又容易以缓迟废事,二者都有不足,都需要时时自我省察,变化气质。朱次琦指出,气与理不二,气之精英即是理,犹如万物发荣滋长须要气,树木枝干错落有致是质,二者不能断为二。但天地之间有清气也有浊气,人不能放任自己于浊气之中,此即流于俗,不能自我克察。朱次琦举史例为证,如唐代大文豪韩愈的高足皇甫湜性情暴躁,一日蜜蜂破窗而入,就用手拍打蜜蜂,结果反被蜜蜂蜇刺,继而大怒,使数千钱雇人捉蜂,结果反引来更多蜜蜂。皇甫湜命儿子誊写文章,有一字写得不好便让仆人拿杖来打,仆人杖还没拿来,皇甫湜就自己动口把儿子手臂咬出血来了,实在可笑。又如六朝人阴子春,性格迟缓,数月不换洗衣裳,三年不洗脚,导致他人不愿和他站在一起。这些都是不知变化气质的负面例子。

朱次琦认为:"理性情,化气质,为行道之本。正人伦,笃人类,为行道之用。"①那么哪些人是可以做到"变化气质,从容中道"的正面典型呢?朱次琦认为东莱先生吕祖谦就是其中的典范。吕祖谦年轻时,曾经因为吃的东西不合自己口味,把杯盘都推翻打碎。一日读到《论

---

① 刘熽芬:《朱子襄先生讲义》,光绪十年(1884)钞本。

语》"躬自厚而薄责于人，则远怨矣"一句，觉察到自己如果不能做到自我反思，又如何能够指责别人。遂领悟。朱次琦又指出，"变化气质"的关键还要"立志"，这是受到另一位岭南大思想家陈白沙的影响。"变化气质"的另一个典范人物是颜回。颜回"好学""不迁怒""不二过"，这些都可以纳入到"变化气质"的修身要求之中。故而朱次琦提出，"圣贤做到尽头，不外变化气质四字"。①

　　修身四行的最后一条是"检摄威仪"。"威仪"一词典出《诗经·大雅·烝民》，诗中描写了周宣王时期士大夫仲山甫的美好品德，我们今天了解的很多用来表达美好品行的成语都出自这首诗；如"小心翼翼""既明且哲""夙夜匪解""柔亦不茹，刚亦不吐""不畏强御""穆如清风"等。此外，诗中有一句"古训是式，威仪是力"用来描写仲山甫因为自我道德品行高尚，所以由内而外散发出一种威仪的气质，这正是朱次琦特别强调"检摄威仪"。

　　朱次琦以腥臭招蝇、花香引蝶为喻，强调士人学子如果不注重在日用行常中"检摄威仪"，则必渐流为"轻佻一辈"。从心体的修养功夫上而言，"检摄威仪"也是修心养气的重要环节，如不能时时刻刻于行动之中处处留心

---

　　① 刘熽芬：《朱子襄先生讲义》，光绪十年（1884）钞本。

自己的行为举措，则难免放松神经，失礼妄作。《礼记》之所以强调"礼仪三百，威仪三千"，目的是让人在日常行为中时刻收摄心神，小心行动。所以《诗经·小雅·小旻》篇中说君子："战战兢兢，如临深渊，如履薄冰。"《大学》也引《诗经·卫风·淇澳》篇："瞻彼淇澳，绿竹猗猗。有匪君子，如切如磋，如琢如磨。瑟兮僩兮，赫兮咺兮。有匪君子，终不可谖兮"以引申解释道问学与尊德性之间的关系：

> "如切如磋"者，道学也；"如琢如磨"者，自修也；"瑟兮僩兮"者，恂栗也；"赫兮咺兮"者，威仪也；"有匪君子，终不可谖兮"者，道盛德至善，民之不能忘也。

这里"赫兮咺兮"，就是"不忘威仪"的意思，朱熹在《大学章句》中进一步解释道："谖，忘也。道，言也。学，谓讲习讨论之事。自修者，省察克治之功。恂栗，战惧也。威，可畏也。仪，象也。""恂栗、威仪，言其德容表里之盛。卒乃指其实而叹美也。"[1]于《大学》而言，无论是为官经世，还是读书治学，都离不开"检摄威仪"的修身功夫。

---

① 朱熹：《四书章句集注》，中华书局1983年版，第5页。

第三节　经史互证

　　除了修身四行之外，以经学、史学、掌故之学、性
理之学、辞章之学构成的读书五学说是九江学派面向士人
学子施教的另一重点，其中经学和史学可谓五学中最基础
也是最核心的两大学问。据朱次琦的学生朱法庐回忆，朱
次琦每次上课前，都要把"十三经"中的《论语》拿出
来，以视为木铎（木铎据说起源于夏商时代，是古代圣王
向百姓颁布法令、宣扬教化时敲打的铜铃，《周礼》中有
记载。）。在讲课时，朱次琦总是能够纵横经史，兼及百
家文艺之学。在这之中，他又特别以讲授经学中的"十三
经"和《二十四史》中的"前四史"为重点，我们首先来
看经学。

　　经学是指以儒家《诗经》《尚书》《礼记》《易经》
《乐经》《春秋》六部经典为中心，是系统阐释儒家思想
并将其运用于社会实践及教化的学问。"六经"的说法

最早见于《礼记》《庄子》，《史记》后来称之为"六艺"。由于秦始皇焚书坑儒加之秦末的战火动乱，儒家经典多有散佚，"六经"中的《乐经》在汉初便已失传，现在我们能看到和学习的六经实际只有五经，是经过汉代学者重新根据当时的可见的存世文献整理出来的。魏晋隋唐，随着国家逐步统一，文教复兴，儒家经学的"五经"又先后扩大为"七经""九经"和"十三经"，《论语》《孟子》《孝经》《尔雅》《周礼》《仪礼》《谷梁春秋》《公羊春秋》等过往解释"五经"的传类作品也先后收纳到经学的大系统中来，反映了儒家经学随着时代发展不断壮大。到了清代，经学迎来新的复兴，比朱次琦稍晚出生的湖南籍学者皮锡瑞曾提出清代是中国经学发展的"复盛时代"，这个"复"主要指的是经过清代学者的努力，经学重现了类似汉代经学研究的兴盛局面。

经学之外，史学也是九江学派特别重视的学术研究和教学内容。在朱次琦看来，早期的经学和史学其实并没有界限，如《尚书》《春秋》二部，便可谓经史互参的代表。首先来看《尚书》。《尚书》历史悠久，后世将其分为《虞书》《夏书》《商书》《周书》四个部分，书中蕴含了三代以来有关圣贤的政治条令、伦理观念、哲学思想、军事行动、历史事件等丰富内容。由于多标榜前朝功绩，到了秦代成了禁书，是李斯焚书的重要对象，加之其文字佶屈聱牙，保存和传播不易，至汉文帝向天下求书之际，只得到秦故博士伏生献出的《尚书》二十八篇，是为后来的今文《尚书》。汉武帝末年，鲁恭王刘余扩充自家的庭院，破坏了孔子家宅壁，谁知墙壁中发现不少古书，这其中就有孔子后人孔安国献出的古文《尚书》四十六篇，也就是后来的古文《尚书》。永嘉之乱时，今文、古文《尚书》皆遭散佚，东晋梅赜献出了古文《尚书》五十八篇，北宋以来学者认为其中除去今文《尚书》二十八篇之外，都是梅赜伪造的假书，清代又有阎若璩、毛奇龄等学者运用文献考据与校勘学知识，做实这一公案。元代推行科举之后，官方认定的《尚书》版本是朱熹弟子蔡沈编写的《书集传》，朱次琦认为其精粹不足，尚有补正空间。后来九江弟子简朝亮承师志，历十五年，以《书集传》为基础，融粹了今古汉宋学的既有成果，撰成了《尚书集注述疏》（近80万字）。

《尚书》之外，"六经"之中，朱次琦也特重《易经》。其书由于原为占卜术数之书，未遭焚书厄难。朱次琦认为，《易经》一书的历史最早是从伏羲画八卦开始，历经三古，后经周公作六爻、孔子作《十翼》（《上象》《下象》《上象》《下象》《上繫》《下繫》《文言》《说卦》《序卦》《杂卦》），形成了今天我们见到了《易经》的面貌。从《易经》的文本来说，孔子的《十翼》本来可以视作是对经典的诠释，从文本意义上，其本属"传"，后来则衍变为经文的一部分，而在以孔子

《十翼》为基础的《易经》学，后来又衍生出文言易和象数易两大易学诠释体系。由于阴阳五行与谶纬思想的流行，象数易于汉代得到较大发展，学者主要以数理卦象解读《易经》。魏晋以后，王弼扫象立言，文言易又得到较大发展，汉易则逐渐被学者弃用。唐宋之后，受佛教经学复杂的名相与逻辑体系的影响，《易经》又成为了宋明理学建立宇宙论的基础，同时又有如邵雍开辟数字易，宋代遂成易学发展的又一高峰。清代易学则受汉学方法观念影响，学者擅长考据、辑佚与训诂，学者致力于将失传散佚的汉易整理研究，其中以惠栋和张惠言为代表的学者成就最高。

《礼经》则包括《周礼》《仪礼》《礼记》三部经。后世以为《周礼》最早出，《仪礼》《礼记》后出，朱次琦则认为《周礼》情况复杂，后出的可能性较大，原因在于其书掺杂了较多后人笔添的痕迹，比如《周礼》中有关营造宫殿、都城，封国、封建、贡赋的相关论述与《尚书》中《洛诰》《召诰》《武成》《王制》《禹贡》篇的内容多有不合；另外书中设置官职之多，多不足信。《周礼》的流行，与刘歆、郑玄抬高周公，视《周礼》为周公所作的背景有关。相较于《周礼》，朱次琦认为《仪礼》出于周公之手则没有太大疑问。不过其书散佚较多，至唐代学者贾公彦为《仪礼》作疏，宋朱熹作《仪礼经传通经》二十三卷，朱熹弟子黄干及再传弟子杨复又先后整理了《丧礼》《祭礼》，作《仪礼经传通解续》二十九卷和《仪礼图》，仪礼之学才逐渐成体。至清代，任启运作《礼记宫室考》十三卷，张尔岐作《仪礼郑注句读》十七卷，吴廷华作《仪礼章句》十七卷，又有方苞、汪琬等学者精研《仪礼》，这些著作都为后人学习《仪礼》提供了重要的参照。《礼记》则是三礼中流行最广的一部礼经。西汉先后有戴德《大戴礼记》八十五篇和戴胜的《小戴礼记》四十六篇。东汉大经学家马融又将《月令》《明堂位》《乐记》两篇加入《小戴礼记》，形成了今天四十九篇规模的《小戴礼记》。《大戴礼记》散佚较多，宋代以后只有四十篇，其流行程度亦不如《小戴礼记》。

《春秋》作为另一部"史之经，经之史"的著作，其实由《春秋》经的三部传记作品——《春秋左传》《春秋公羊传》《春秋谷梁传》共同构成了一个大的学问体系，也就是《春秋》学。在朱次琦看来，《春秋》三传所依托的文本是经过孔子笔削后的《春秋》，而《春秋》每一个字都是儒家历史观、政治观、伦理观、价值观的呈现，表达了孔子对经义的标榜。不过宋代有学者指出，《春秋》三传不足以尽信，三传都应以《春秋》本经的经文为准，朱次琦却不赞同这一观点。他指出，如果没有后来三部传记提供线索，后人其实连《春秋》中具体历史的史实可能都无法知晓，比较而言，他更赞同朱彝尊对《春秋左传》的褒奖："春王正月，群疑积至今，邱明一周字，足可抵

千金。"而谈及另外两部传记《春秋谷梁传》《春秋公羊传》时，有学者认为二者和《左传》比较而言，《左传》谈史实较为准确，而《谷梁传》和《公羊传》论经之大义的部分则较为优胜，朱次琦不赞同这一看法。他指出，其实《左传》里面也有对史实记述不够到位的地方，如《左传》分析齐桓公称霸的原因，没有谈到当时齐国的实力本不足以打败楚国，齐桓公是通过借伐蔡而伐楚，其中运用了军事谋略达到了这一目的，左氏传未能明晓此一节。而《公羊传》《谷梁传》二传论述经义时，虽然言辞凿凿，但也不乏悖谬的论断，如后来宋代的湖湘学派借《公羊传》《谷梁传》中的"经义"，把"孔子作《春秋》而乱臣贼子惧"解读为孔子以布衣而持四十年南面之权，便明显有悖于孔子笔削《春秋》之本义。

整体而言，朱次琦认为士人学子治学时，必须时时注意从史书中验证经典教化的历史效果，这也构成了九江学派一大思想主张和治学宗旨，亦即九江在施教时常对学子讲的："夫经明其理，史证其事，以经通经则经解正，以史通经则经术行。"而中国古典史学以司马迁的《史记》为开端，而后有班固的《汉书》、范晔的《后汉书》再到陈寿的《三国志》，这四部史书构成了整个中国史学的根基，也就是"前四史"。随着朝代的更迭，每一个后来的朝代都会以"前四史"为范式，为前朝修史立传，这样到了清末，就有了"二十四史"。朱次琦特别重视"前四史"。今天我们能看到的《朱九江先生论史口说》这一文献，便是朱次琦为学子讲授"前四史"的笔记。其中不少论说，使我们注意到朱次琦特别重视在史学研究中运用"经史互证"的方法，如他论及《史记》时指出，有学者批评司马迁在《史记》六国年表中使用"秦楚"而不用"楚汉"的做法，便是没有理解司马迁的真正用意。司马迁深谙经史互证之旨，因为如果"秦汉"并用，就是把"秦代"看做是和"汉代"一样承接三代正道的朝代，司马迁不言"秦汉"，反言以"秦楚"并列，正是要褒汉贬秦，指出秦楚皆非正统。

第四节　掌故性理

经史之外，朱次琦尤其重视掌故之学和性理之学。他认为，掌故之学是经世之学中的重要组成部分，而掌故之学主要包括历代政治典章制度、天文、历法等内容，是由古典史学发展出来一个重要分支。在过往的史书里，掌故之学与帝王将相的家谱、传记一样，拥有独立的地位，如《史记》在《列传》之外，有《礼》《乐》《律》《历》《天官》《封禅》《河渠》《平准》八书。而后的史学著述，掌故之书多作为以帝王将相家谱为主的纪传史学的附庸存在，"前四史"之后的史书，逐渐形成了重《纪》《传》轻《书》《表》的现象。随着唐宋史学的新进展，掌故之学也从传统史学中独立出来，"三通""九通"的出现，便是其中代表，它们为学者了解历代典章制度提供了便利。"三通"指的是唐朝杜佑的《通典》、宋朝郑樵的《通志》、元朝马端临的《文献通考》三部详细考察历代典制沿革及各种政治文献综汇性质的著作；"九通"则是清代学者的提出概念，是指在"三通"之外，加上乾隆朝由刘墉、纪昀等人主持编纂的《续通典》《续通志》《续文献通考》与《皇朝通典》《皇朝通志》《皇朝文献通考》六部书组成"九通"。

朱次琦在经学、史学之外，特别提出掌故之学，其实是与时代亟需经世之学的背景密切相关。一方面，清代继明代之后，领土疆域大幅扩充，西北的史地、掌故、风俗，成为了学士子治理国家必须要学习的知识；另一方面，乾隆、嘉庆以来，清朝由盛而衰，内外矛盾叠加，西北有少数民族的纷争，华南有太平天国之乱，外部有英法入侵，国朝可谓亟待经世之才，而乾隆、嘉庆以来的沉醉于古典经史的考据风气还占据学界的主流话语，朱次琦较早意识到，如果还继续沉醉在汉学家式的训诂，无论如何不能解决现实中矛盾，故他要求学子广泛涉猎天文、占验、舆地、礼学、河防、兵书、农田、水利、钱法等学问，在推荐学生阅读梅文鼎的《梅氏历算全书》《天文大成》、开元吉《海上星占》《官蠡玩占》《舆地纪胜》《元明统一志》、洪亮吉《乾隆府厅州县图志》、《瀛寰志略》《大清一统志》《皇舆图表》、嘉庆重订《皇舆图表》《钦定皇舆西域图志》等书之外，还要求学生阅读了解医学、武备方面等多种类型的掌故书籍，随时以待国家之需。

九江学派中罗传瑞、康有为、梁启超承续了朱次琦重视掌故之学的传统，并将视野扩展到中国之外的掌故之学。如罗传瑞撰写了《中外大略》四十八卷，详细考察了朝鲜、日本、越南、缅甸、印度、比利时、阿富汗、伊朗、俄罗斯、瑞典、挪威、丹麦等四十多个国家的政治、经济、国防、外交、学术方面的制度；康有为先后撰写了《日本变政考》《俄彼得变政记》《欧洲十一国游记》等著，详细考辨日本和欧美的社会政治兴衰变革情况；梁启超则致力于中外经济制度史研究，民国以来，先后在《新民丛报》《国风报》等刊物，就币制改革、税法、国债、银行制度等方面发表多篇论著，为中国经济制度改革，进一步走向现代化奠定了重要基础。

掌故之外，性理之学则是九江学派侧重的另一大学问。朱次琦认为，学者打通经学与史学，又借助掌故之学扩大了知识的视野，达到了韩愈所谓"大而能博"的境界，与此同时，人随着见识的增长，相应道德品行却不一定随之提高，反而可能因为拥有比他人多的知识而骄傲自满，这是儒家特别警觉及反对的。朱次琦提出通过借助性理之学加强士子学人的反躬省察的功夫，其所遵照的典范，则来自宋明理学。

理学的出现，是儒学发展的又一高峰，理学也被称作"新儒学"。从唐末韩愈撰写《原道》，标明正学，批判释道两家，提出恢复儒家三代以来的"尧、舜、禹、文、武、周、孔、孟"的道统秩序，到北宋理学五子周敦颐、邵雍、张载、程颢、程颐吸纳佛道思辨方法和形上架构，改变旧有的经学研究方法，以儒家经典中的《大学》《中庸》《论语》《孟子》《周易》等经典为中心，围绕"天、人、心、性、理"等概念，建立了庞大的理、气、心、性的学问系统。这样一套以圣贤理想人格为目标与精神旨向的学问，用完整的宇宙论、本体论架构，为儒家以心性修身之学提供了理性论证和具体学习的方法路径，大大丰富了传统儒学的思想。

九江学派重视性理之学，但并不把它放置在经学、史学之前，这与明末清初学术思想的大背景有关。当时以顾炎武、黄宗羲为代表的学人提出回归经学，反思理学，这一思想潮流使得清代学者更为重视考据、训诂等客观研究方法，促进了经学研究的复兴，其背后的思想史转变的内因则来源于晚明阳明心学的影响。当时由于心学流行，"致良知"取代了"格物致知"，社会从上至下充斥着重"心性"而"轻知识"的思想风气，朱次琦认为心学专称"良知"，并不能代表儒家性理之学的全部精神，且易有堕入佛学的弊端，他在《格物说跋》一文中指出：

> 中明阳明王氏倡致良知之说，不求诸事而求诸心，由是心学盛兴，波荡天下三四百年，余风未殄，可谓烈矣。谨案：《汉书》注"良"实也。孟子"良

能""良知",不过与"良贵"之"良"同义,本无深解,不闻以此为七篇宗旨也。况摘去"良能",专称"良知",谓千古圣贤传心之秘在是乎?大约王氏言:"吾人为学,不资外求。良知之体,皎如明镜,妍蚩之来,随物见形,而明镜曾无留染。'无所住以生其心',佛氏曾有是言,未为失也。明镜之应,一照皆真,是'生其心'处,妍者妍,蚩者蚩,一过而不留,即'无所住'处。其平日论学指归,往往如是。"然试问良知作此解说,果有当于孟子论孩提爱亲之仁否?萧梁之世,达摩西来,始厌弃经梵,直指本心,不立文字。阳明祖述其说,并称佛氏之言,亦不之讳,欲使儒、释相附,害道甚矣。[①]

朱次琦虽然批评心学流弊,却并不因此否定王阳明事功成就,他认为阳明之所以取得如此功勋,正因为其思想之中亦有重视"读书"和"知识"的一面,他在《又复郭中丞书》中特意写道:"魁闳之士,慷慨竖立之才,其许身至亢,而待物至厚,其忧时至深,而望治至迫,天时人事,或不能骤副所期,则郁伊之感易作。闲读古人著作,若高平涑水遗文,暨近世王阳明、卢九台诸公文集,辄低徊想见之,盖非独一世然也。"表达了对王阳明的个人高

---

① 朱次琦;《格物说跋》,《朱次琦集》,第139—140页。

尚品行的赞许。

与此同时，清初以来经学的发展又产生了新的流弊。乾隆、嘉庆以来经学形成了新的繁荣局面，士子学人矫枉过正，又养成了"重知识"而"轻性理"的风气，并将对心学流弊的批评转移到朱子理学上，朱次琦指出：

> 朱子百世之师也，事师无犯无隐焉者也，然而攻之者互起。有明姚江之学，以致良知为宗，则攻朱子之格物。乾隆中叶至于今日，天下之学，多尊汉而退宋，以考据为宗，则攻朱子为空疏。一朱子也，而攻之者乃相矛盾乎？学术之变，古未有其变也。乌乎！古之言异学者，畔之于道外而孔子之道隐，今之言汉学、宋学者，咻之于道中而孔子之道歧，何天下之不幸也。彼考据者，不宋学而汉学矣，而猎琐文，蠹大谊，丛脞无用，汉学之长，有如是哉？孔子曰："德之不修，学之不讲，是吾忧也。"吾今为二三子告，蕲至于古之实学而已矣。学孔子之学，无汉学、无宋学也。修身读书，此其实也，二三子其志于斯乎？[1]

在朱次琦看来，以性理之学为本的宋学和强调经学考

---

[1] 简朝亮：《朱九江先生讲学记》，《读书堂集》卷一，1930年刊刻本。

据的汉学，将二者视为完全无关并且对立的学问，是对儒学自身以来平衡德性与知识传统的破坏。清代再经历了康雍乾盛世之后，世风日下，官场趋于腐败堕落，学者则炫知识而轻践履，以知识高低而论品行高下，这些都可视作学者在“性理之学”上修习不足。正如朱次琦所说：“读性理之书，然后能反身修德，将见己病痛驱除，由博返约，然后知性命源头，虽躬功施天下，泽及一时，亦分内事。如父母授子以一家事，其成非己功，其不成则己咎，如此将任咎之不暇，何暇计功？”[①]以此可见，朱次琦对掌故、性理之学的并重，正欲纠正这一风气，从而回归儒学德性、知识并重的传统。

① 刘熽芬：《朱子襄先生讲义》，光绪十年（1884）钞本。

第五节　岭南诗宗

　　古代，文人学士几无一人不作诗，诗与文亦不分家，正如一部史书立传，有帝王将相家谱，有《儒林传》记学者大儒言行，也有《文苑传》专录诗人文豪的辞章遗珠。儒家历来有修辞立诚的传统，强调言为心声、言行合一，所谓"言之无文，行而不远"。朱次琦认为辞章之学可以助力士子学人"彰身"，故在讲述经学、史学、掌故性理之外，特为重视对学子进行辞章之学方面的教导，"不得以为末务而偏废"。如他在讲授经学时，除了详辨《尚书》《春秋》《易经》，便特别重视《诗经》，这与《诗经》是辞章之源有着密切关系。

　　《诗经》虽历经秦火，和《尚书》佚失严重的情况相比，却保留得较为完善，与诗本为韵文，易诵读、流传的特质相关。汉代研究《诗经》学的系统有四个系统，分别是今文的齐、鲁、韩三家诗和古文的毛诗。今天保留得

相对完整的系统有二，一是毛诗系统，一是鲁诗系统。二者比较，《毛诗》又比《韩诗》更完整。据说《毛诗》一系的诗学最早由孔子弟子子夏一系传衍，经高行子、薛仓子、帛妙子到大毛公毛亨，毛亨为《诗经》作《序》，又传给毛苌。此外，又有说法毛亨的诗学是经荀子传授，荀子是赵人，所以《毛诗》中也吸取了赵诗的成分。在朱九江看来，四家诗中，以《毛诗》内容最为完备，其对《诗经》的解释也较为恰当。如谈到《关雎》这一篇，朱次琦认为鲁、韩二家都把这首诗解读为一首刺诗，其内容是批评康王后睡懒觉，以此借古讽今。汉人大多偏向鲁、韩二家的解读，而不用《毛诗》的解读。只有太史公司马迁采纳了《毛诗》，认为《关雎》是讽刺"男女之乱"。《韩诗》则到唐代佚失了大半，今天只有《外传》十卷保留了下来，朱次琦认为，其中很多古训，是今天学习《诗经》必须了解的知识，此外通过经典中"引诗"和"论诗"，也可以了解《诗经》如何运用于古代的政治生活之中。

除了探究《诗经》中的政教义涵，朱次琦还围绕辞章之学的特质及其文体衍变的历史为学子讲述诗学。如他在讲述《诗经》的特点时指出，早期诗歌的产生往往是无主题的，古人情感丰富，诗歌都是情感积累的自然表达，而后人作诗，先立题目，如此作诗，则其中的性情则自然不够醇厚。《诗经》中大多数的诗歌，从其诗名来看，其字数和含义并无限制也没有特别的深意，如此便可推断《诗

经》中的诗，大多是先有诗而后有题，而"性情"也成了
九江评判诗的好坏的第一标准，正所谓"兴观群怨"，无
一不发自性情。

　　《诗经》之外，朱次琦标榜唐代李白、杜甫、韩愈
等人的律诗。他引用韩愈诗句"李杜文章在，光焰万丈
长"，推重李杜诗文，指出后世尊杜贬李，未明二者诗歌
特长，其风始自至元稹的《杜公墓志铭》。他认为："杜
甫之诗，后人易学，得尺则尺，得寸则寸，如鼹鼠饮河，
各满其量。""少陵之诗，大含细入，吐属之雄，篇幅之
广，尤觉包涵万丈，而诗律之细，又复丝毫不苟。少陵
之诗，盖从伦理中来也。"[1]此处提出的伦理，正是性情
之外，朱次琦特别看重的辞章之学第二个重要的特质。他
认为真正的好的诗歌应当富含伦理教化的含义，正所谓：
"好诗不出伦理。"由于晚年焚书之故，今天朱次琦遗
留下来诗作，可见于《是汝诗斋遗诗》和《朱九江先生
集·诗集》中，多为朱次琦三十岁前所作。其中《太平门
门卒行》和《蝗虫叹》两首年少时的诗作，便已颇具杜诗
"诗史"气象：

太平门门卒行

　　太平门下人傔傔，太平门者耆且髯。右髯垂乳左

秃颌，其秃贯脑烟煤黔。频年过翁口频咤，翁始嗫嚅
渐倾泻。一生心事毕秋风，卅载行藏引宵话。自言少
卜血气顽，射生击剑无不娴。从军遂隶鸦儿籍，简卒
时拔驺虞幡。一朝烽火辰州路，王旅啴焞阻淫雾。惊
心设砦蛮云高，附翼难飞楚天去。奴仆功勋树莫由，
由来石堡要人收。入穴仲升期取虎，乘城颍叔奋持
螯。五更甋垣响箪篛，云如车轮月如漆。缚靴从我十
猛士，缘上梯冲过猱疾。炮床似有呼红衣，瞥惨腥风
九人灰。我惊拊颈头故在，始闻落面轰崩雷。趁烟直
斫守陴首，迥向吾军乱招手。大师压入犹坏山，竟使
壶头返吾有。此时颜面撄疮痍，此时勇气千人知。共
慑河西白袍将，那夸邺下黄须儿。事平守戍梅镉庙，
掌管北门尚年少。峨冠孔翠一翎风，仕版象屯三品
料。无端洋孽横鲛岛，海氛甚恶稽天讨。只应祈父爪
牙非，肯信健儿身手好。上书欲效前锋鏖，群儿谣诼
成吹毛。始知宦海风波险，胜似沙场矢石交。从此失
官编士伍，衣食萧条一环堵。抱关击柝寄余生，七十
龙钟仍作苦。话到凄凉言断续，言不成声声欲哭。解
衫示我旧战痕，创瘢衃体斑鳞鳞。磅礴袒衣唐鄂国，
激昂束发汉将军。我始悲翁为翁惜，旋睨凶门意还
释。几得通侯印系肘，已叹征夫尸裹革。翁今头白有
孙扶，眼看侪辈多郊墟。祸福难知同塞马，英雄老去
有湖驴。劝翁往恨休回首，与汝作歌传不朽。吊客青

蝇此日来，冠军金爵他生受。惋我清才愧杜陵，难将文字继丹青。濒行徒订监门约，弊衣吾亦老侯嬴。①

蝗虫叹

一年决堤砦，啮糠乘屋居。一年内河涨，水宿糠粃无。今春亢旸达夏节，行人泥沙满唇舌。拜乞天公云脚雨，难过农夫眼中血。低田十不三四收，高田草土枯成铁。得雨遥遥盼晚禾，命短心长五中热。从来蝗旱定相资，斯语吾闻老坡说。果然黑云西北来，青荄无芒木无蘖。海邦稀疏见此物，相呼铁蜢惊蟞蟩。上游走檄急坑捕，县官奔跄力空竭。嗟嗟造物岂不仁，荐至鞠凶坐谁阙。去冬冬尽除夕旁，眼见邻里愁口粮。衣装典尽到家具，持耷挽梮相扶将。市门挤积无人望，日暮归来涕相向。村墟寂历烟火微，饯岁不闻爆竹飔。回首仁皇晚季时，不在人间在天上。呜呼二十四年游食人，三年投足皆荆榛，何况惷未闭门相对贫。②

清代诗论家邬启祚在《耕云别墅诗话》中评价朱次琦的诗作"蕴藉风流"，特爱其《读史》《典衣四绝句》

---

① 简朝亮：《朱九江先生集·诗集》，《朱次琦集》，第100页。
② 简朝亮：《朱九江先生集·诗集》，《朱次琦集》，第101页。

等诗。担任过民国政府总统，素有"文治总统"之称的徐世昌在其《晚晴簃诗汇》诗话中认为朱次琦《赴李大孝廉鸣韶招饮百韵》一诗，"识者以为杜甫《北征》之遗"。清末民初岭南著名诗人，"南社四剑"之一的潘飞声在其《山泉诗话》也对朱次琦诗作评价很高，认为其诗："韵高而意远，树骨汉魏，取神唐初，顿挫沉郁，尤得杜陵真髓，独漉后一人已。"①

杜诗之外，朱次琦对于李白、韩愈的诗作也有很高的评价，认为李白："天才独至，非后人所易学。"后人学习李白，应致力于得其"超脱之处"。而韩愈的诗相较李杜，则以奇胜，其"奇而不诡于理，极其雄健，极其凝练"，并且"犹不至堕入险怪里"，亦可谓大家之诗。朱次琦认为，好诗除了要有"性情""伦理"，还需有"学问"，而学习韩愈、杜甫的诗，正"要从学问中来"。

朱次琦指出，学诗有顺序，应先学古诗，而后学律诗；先学五言，再学七言。五言诗要从汉魏诗歌入手，七言诗则要从唐人诗歌进入。写景之诗，以陶渊明、王维、孟浩然、韦应物、柳宗元为尚。而如北宋黄庭坚，南宋陆游，金人元好问，明代高启、陈子龙、屈大均，清代王士祯、朱彝尊、查慎行、黎简、龚自珍等人的诗歌，也都有其特长，值得学子留心学习。

① 钱仲联编：《清诗纪事》，凤凰出版社2004年版，第10368页。

在为士子讲授辞章之学时，朱次琦还常以相关史学掌故使士子晓义学生兼习经史辞章的重要性，如他举宋代与范仲淹齐名的名臣韩琦为例，当时韩琦虽然已贵为宰相，有人却评论其虽功勋卓著，学问文章却不及格，士子学子应以韩琦为戒，以欧阳修、韩愈为榜样，努力做到"文章可以润身，政事可以及物"。

朱次琦弟子及再传弟子中，简朝亮、康有为、梁金韬、梁启超、黄节、邓实、邓方等学人都以诗名著称晚清民国学界。诗学理论方面，除了朱次琦再传弟子朱杰勤整理的《朱九江先生谈诗》一文外，简朝亮的《读书草堂明诗》四卷（1929）、《毛诗说习传》（1931）及其弟子黄节的《诗学》《诗律》《诗旨纂辞》《变雅》等著作，都是九江学派诗学理论方面的代表作。黄节亦特能继承九江学派诗教传统，民国时期任教北京大学、清华大学，专授诗学，吴宓、游国恩、俞平伯、张中行等古典文学大家都出于其门下。

第六节　书学心学

　　经学、史学、掌故之学、性理之学、辞章之学之外，九江学派亦以书学享誉学林。在书学思想方面，朱次琦受两人影响较大。一是谢兰生，二是陈白沙。朱次琦十八岁时，读书于广州城内羊城书院，甚得时任山长谢兰生器重，受其亲炙，书法亦多得其传授。谢兰生是岭南宿儒，学问博通儒道释三家，兼擅书画，得岭南大家黎简真传。朱次琦在师事谢兰生的过程中，各个方面都显示出极高的悟性和非凡的潜质，谢兰生曾就书学评价朱次琦道："书虽小道，非俊悟者，不能通其意，吾友教岁数百人，饶此学者，朱生而已。"①康有为也曾在《广艺舟双楫》中，特就乃师朱次琦与谢兰生、黎简的书学师承关系有一说明："先生当世大儒，余事尤工笔札。其执笔主平腕竖锋，虚

---

　　① 简朝亮：《朱九江先生集·年谱》，《朱次琦集》，第10页。

拳实指，盖得之谢兰生先生，为黎山人二樵之传也。"①

从今天保留下来的由谢兰生撰写的《书诀》与《朱九江先生论书》两文中，我们可以看到朱次琦对于谢兰生书学的承续。谢兰生的《书诀》，涉论执笔的握法、用笔的笔法、墨法等个多方面。如用墨，《书诀》特有"笔墨浓淡"一节，提出"东坡用墨如糊""董文敏公""黯然无色"之观察，观点鲜明，可以视为对有宋一代、有清一代书家贬唐之风气的回应。朱次琦追随其师，其《论书》中也提出："古人用墨，不肯苟且。研墨之法：清晨早起汲井泉，用文武手，不徐不疾，足供一日之用，小停养腕如初，然后临案落书。"②

用笔方面，朱次琦继承了谢兰生"小心布置，大胆落墨，意在笔先，神周字外"的观念，不过相较谢兰生强调用笔的一致性，朱次琦则更进一步，提出"离合"的观念，指出学习书法与学习经史一样，一方面需要尊重传统，另一方面也要贴近现实，须辟立出自我独立的治学的道路与精神，此即"学书者字韵在复古，临古须有我。'其始须与古人合，其后须与古人离。'按此为董其昌之语。诗文如是，学书何尝不是。"③

朱次琦这种基于古典，探索学术创新的精神深深地

---

① 康有为：《广艺舟双楫》，《康有为全集》第一册，第297页。
② 朱杰勤：《朱九江先生论书》，《朱次琦集》，第334页。
③ 朱杰勤：《朱九江先生论书》，《朱次琦集》，第333页。

感染了后学康有为。清代经学学风尚古，在方法上推崇实证，重视考据训诂，不少有才华的学者不迷信于学术权威，依据新发现的史料，大胆提出新的思想观念。康有为创作《广艺舟双楫》，便结合其师的书学思想与清代书学研究的既有成就。如《广艺舟双楫》的书名，便已道出其著旨在承续清代著名书论学家包世臣的《艺舟双楫》。包世臣在书中写道："道苏须汰澜漫，由董宜避凋疏。"可谓较早地在唐人之后推崇苏轼、董其昌二家的书法，并提出东坡雄逸，思白简淡的评判，推动了有清一代的书学和学术进步，这些亦为朱次琦所留意。朱次琦为学生讲授书学时，特引东坡"湛湛如小儿目睛"之语，表达书学研习应追求天人合一的境界，但朱次琦对书者的赞许，又不仅局限在书法艺术本身，而将书者本人道德素养、学问素养与书法结合加以审视。由此也引出朱次琦书学思想另一大特点，即他一方面擅书、爱书，却只视书法作为修身工夫的一环，绝不将其当作卖名营生的工具，这正是康有为在《广艺舟双楫》中所讲的"不与人书"的精神：

> 先师朱九江先生于书道用工至深，其书导源于平原，蹀躞于欧、虞，而别出新意。相斯所谓鹰隼攫搏，握拳透爪，超越陷阱，有虎变而百兽跧气象，鲁公以后，无其伦比，非独刘、姚也。元常曰"多力丰筋者圣"，识者见之，当知非阿好焉。但九江先生不

为人书，世罕见之。①

朱次琦"不与人书"与其自身学术品格有关，其思想渊源来自儒学自身传统与白沙心学的影响。朱次琦少年便以天才著称，成进士后，书名远播，求书者纷沓礼山，皆欲以重金易书，但朱次琦则力拒求字者：

> 鄙人恶札自嫌，罕尝捉笔，贤契所知也。近益颓唐，日滋媸鄙，就以书法论，堪与碧玉老人充厮养役乎？伏惟善辞，免留笑柄，即爱人以德之事耳，惟照不庄。②

这里的碧玉老人是陈献章的别号，也就是岭南的另一位大儒：陈白沙。陈白沙以诗学、书法闻名有明一代，但其最为世所仰重的在于其所开创的与明代阳明心学并驾齐驱的白沙心学。黄宗羲有言："有明之学，至白沙始入精微"，以至于后世论述陈白沙，首先想到的便是他的思想，而忽略了他同时还是孝子、诗人、教师和书法家。陈白沙崇尚自然，除了不恋庙堂，不事著述，不立门户，这些与儒家风范相近的客观因素外，更多是其从理学传统中辟立出的性理之学的修身功夫。由此不难理解朱九江何以对陈白沙如此匍匐称下，这里的"恶札自嫌"，真实的指

---

① 康有为：《广艺舟双楫》，《康有为全集》第一册，第301页。
② 朱次琦：《答求书者书》，《朱次琦集》，第158页。

向源于将书学回归为儒者修身功夫的一部分，书学的本质只与伦理发生关联，而非事功或追慕财富的工具。

《朱九江先生论书》一文整理者朱杰勤在《论书》中转述其族叔朱法庐当年聆听朱次琦亲炙时的逸事时，也提到了朱次琦"不与人书"：

> 先生每日登坛讲学，例先置《论语》一册于案上，非讲《论语》也，盖视之为木铎耳……（先生）敷述经史辞章之学，及立身行道诸大断，旁及百艺，书学一道，尤为先生所特长，但不为人书，且少有论列。①

《论语》是作为经师、人师之朱次琦的大端，百艺、书学是其置身大端之下的小道，无论其多么雄逸和简淡，烂漫或凋疏，终是要离传统，作自我，岂能置大端不顾而溺思毫厘，沦精翰墨。虽然从内心而言，朱次琦在书学一道上已经过早显露出其俊悟之才，且眷慕东坡、旦白之情也已跃然表白，儒学的"述而不作"与此道的先合后离，弃小道而归《论语》大端以儒家立身的道德约束，是朱次琦不为人书的当然抉择。由此，我们可以理解《答求书者书》中"鄙人恶札自嫌"句中之"自嫌"，并非世俗客套中的自谦之词，而是作为宣示警语表现于这样一个场景之

---

① 朱杰勤：《朱九江先生论书》，《朱次琦集》，第331页。

中。我们可以尝试还原那种场景，当求书者满怀崇敬与慕名的心态，持润金拥往登拜之时，朱次琦先生持木铎，置《论语》对呵斥道："我堂堂儒家经师，以人师为立身之本，诗书小道，壮夫不为，恶札自嫌，岂能与人？"

朱次琦先生的儒家风范、学者气度，从"鄙人"的表正，"恶札"的借用，到"自嫌"一词的灌封，三连式的步步紧逼，语气凛冽，形象刚直不阿，断然以自嫌鄙视告知权贵后生：有儒家在，正气尚在；无儒家在，正气尚存。由此再来审视谢兰生对朱九江的评价："饶此学者，朱生而已。"当不虚也。

由于"不与人书""罕尝捉笔"，加之晚年焚书，今日保留下来的朱九江书作极为稀少，朱杰勤在《朱九江先生论书》中有言："先生之墨宝传世者有论马加利事原稿，及家书数通而已。"其中提到的《论马加利事原稿》，康有为1920年在香港得以始见并题跋：

> 派员往英之论文旧见集中，毅夫副宪以此亲笔属题，乃始见之为先师晚岁笔，如怒猊挟石，雄杰无论，如其拊心国耻，愤悱誓心，如见今日对外之奇耻大辱，不知如何矣。庚申八月弟子康有为敬题。[①]

----

① 康有为：《朱九江字册康有为题》，《南金》（香港）创刊号，1947年。

　　书札方面，2008年国家文物出版社印刷出版了商衍鎏、商承祚父子藏朱次琦、康有为信翰一集册，披露了商承祚于1952年在广州西关某古玩店购买的朱次琦信函十六通（附岭南名士后跋九则），朱次琦批阅诸生作业五则，朱次琦眉批《四书体注合讲》等。这些朱次琦书法的吉光片羽，也使我们得以窥见朱次琦的书学风采。康有为在信函后题跋道："先师九江先生以循吏盛德，为清朝儒宗，不独学行高一世，但论书法，沉雄苍健，怒猊抉石，亦为清朝第一。此二三纸乃率意拾简者，然精神意态，是以雄杰，出其余技，犹独步古今。自奔亡异域，不见先师墨迹者垂廿年。恭览欢忭，如昔者捧手时也。"①

　　朱九江一门弟子及再传弟子中，以书名世的有康有为、梁启超、简朝亮、黄节等学者。尤其是康梁二人，被誉为清末民初岭南书坛之巨擘。朱万章在《岭南书法》一书专置"岭南书法的第二个高峰"一节，推康有为曰："执笔用朱九江法，临碑用包慎伯法。"又曰："康有为竭力提倡碑学，大力推崇北魏书风，贬低唐人书法。他的这种尊碑抑帖的理论虽不无偏颇激越之辞，但这并不妨碍他在书法上锐意变革并取得令人注目的成就。"康有为同米芾一样贬唐抑己，"康有为这种独具一格的书法被称为'康体'。他在自己的一幅行书七言联中称自己创此千年

_____

　　① 谢光辉、刘春喜：《商衍鎏商承祚藏朱次琦康有为信札》，文物出版社2008年版，第21页。

未有之新体"①。相较朱次琦书法的"世所罕见",康有为的书法则存世范围较广,据《广东传世书迹知见录》统计,广东省各大博物馆均有庋藏,多达230件,另外在私人藏家手中亦不在少数。各种版本的康有为书法专集历年来相继刊行,多到已无法准确统计。其弟子梁启超、徐悲鸿、刘海粟、萧娴等均能传其衣钵而各有创意,所以人们称康有为及其弟子们所形成的流派为"康派"。

① 朱万章:《岭南书法》,广东人民出版社2004年版,第99页。

第四章

九江学派的承续者——简朝亮

第一节　求学礼山

简朝亮，字季纪，号竹居，晚清民初著名学者，经学家、史学家、教育家，著述等身，生平撰有《尚书集注述疏》三十五卷（1903）、《论语集注补正述疏》十卷（1917）、《孝经集注述疏》一卷（1918）、《礼记子思子言郑注补正》四卷（1919）、《读书草堂明诗》四卷（1929）、《朱子大学章句释疑》一卷（1931）、《毛诗说习传》一卷（1931）、《酌加毕氏续资治通鉴论》八卷（1936），编有《朱九江先生集》十卷（1897）、《顺德简岸简氏家谱》五卷（1911）、《粤东简氏大同谱》十三卷（1926）等多种著述。

咸丰元年（1851）冬十一月二十一日，简朝亮出生在广东南海顺德简岸乡，祖父简承德常年旅商于佛山，父简孙扬在乡中负责宗祠事务，母亲老氏以女红桑蚕助家。简朝亮家中共有二十多口人，兄弟姐妹六人，上有三个哥哥，简伯盛、简仲启、简叔尚。简朝亮家境贫寒，兄长先后入行伍为生，父亲则一直支持他读书向学。七岁时，简朝亮由父亲启蒙，亲授《孝经》。八岁时，父亲送他到乡塾学习，并常以祖父诚信好义的事迹教育他治学以诚。简朝亮十五岁通读七经，十九岁便已是乡中小有名气的塾师，能以教学授徒接济家里。不过当时学子跟随塾师读书，主要是为学习写作八股文。在简朝亮看来，科举制度之下，学生读书旨在求取功名利禄，非为学而学；老师教人则为稻粱谋，亦非为育人而教。联想到《礼记》"二十博学不教"的旧训，简朝亮立志与其"救贫而教"，不如"食贫而学"，故与父母商量，不再为营生而讲学，以能专心读书。父母同意了他的请求，简朝亮便停止了塾师的工作，以家中一片竹林为生计，终日读书其中，这便是简朝亮别号——竹居先生——的由来。

二十一岁时，简朝亮以古学一项选为邑学生（秀才），他听说朱九江先生在离顺德不远的九江忠良山（旧称礼山）下讲学，苦于平时读书多有所疑，不得名师指点，便立志游学礼山问道，无奈无人引荐，一直不得成行。同治十二年（1873），时年二十三岁的简朝亮客居邑中曾氏宾馆，准备参加当年的乡试，结识了曾氏宾馆的主人曾寿南。寿南是九江门人，通过曾寿南的介绍，简朝亮终于得到问学礼山的机会。

咸丰六年（1856），朱九江从山西辞官归里，僻居故

乡九江礼山下，筑建礼山草堂，全副身心致力于讲学著述，敦化民风。同治元年（1862），刚刚继承大统的清穆宗诏用天下人才，广东南海举用二人，一为朱次琦九江，一为徐台英佩韦。朱次琦称疾不赴。同治二年（1863），郭嵩焘督粤，又致信九江，请其出山，朱次琦亦加婉拒。与朱次琦南归之后终身不涉足官场相与之而来的是礼山草堂声名愈发远播，各地学子思慕朱次琦名节，纷至沓来。当时礼山草堂讲学条件很有限，最多只能容纳允许五十名学子同时设铺留学。每年的元月一日是草堂报名的时间，报名学子主要是以九江乡族弟子和过往的旧门生为主，五十个名额一开放往往多数先被这些学子取得，而外地来求学的学子想要入学就比较困难。曾寿南是九江旧门人，他在了解简朝亮的情况之后，主动帮助简朝亮报名，还特意向老师说明简朝亮家中情况，并愿将自己铺位分一半给简朝亮。在得到朱次琦准许后，简朝亮终于一了心愿，得以问道礼山。

简朝亮正式开始在礼山追随朱次琦学习的时间是同治十三年（1874）春正月，朱次琦时年六十八岁，简朝亮时年二十四岁。当时有一位来自省城广州的九江旧弟子韩干芸来礼山给朱次琦拜年，不久便因家中有事要返回省城，且一年内都无法返回礼山。在得知简朝亮与曾寿南同分一铺的情况后，韩干芸便将自己的铺位让给简朝亮，并将六大木箱和九柜藏书交予简朝亮保管，供他和其他同门随时取用。这一善缘不仅使得简朝亮大大减轻了学资方面的负担，使其能够专心读书治学，也让初到礼山简朝亮感到了九江同门师兄弟间"车裘与共"的幸福感。在礼山学习期间，除了得到了老学长曾寿南、韩干芸的帮助，简朝亮与另一位草堂学子同乡胡少恺之间的同学情谊也很深厚。

胡少恺，字景棠，出身商人家庭。父亲胡止园在粤西经商有所成后，便送胡少恺至礼山从游九江。胡少恺先后追随朱次琦十六年，读书夜分不辍，在史学方面卓有所长，深得朱次琦器重。光绪元年（1875）是简朝亮游学九江礼山的第二年，当时游学礼山的简朝亮为筹集路费和学资，向身边友人一人借贷五金才得以成行，父亲也特别告诫简朝亮，除却家中发生大事，不准无故返家，父母生日也无需致信庆贺。胡少恺在得知简朝亮家中的情况后，主动表示可以资助简朝亮再游学礼山一年，简朝亮后来的婚姻大事，也多得胡少恺帮助。

在礼山学习期间，简朝亮深受九江"四行五学"之教启发，决定以兼采汉宋的学术态度，毕生投身于九江所倡经、史、掌故、性理、辞章五学之中。然而对于出身贫寒的学子而言，获得治学自由的前提，是要先通过科举取得相应的社会身份。商衍鎏在《清代科举考试述录》中言道："世之言科举者，谓其使草野寒畯，登进有路，不假凭藉，可致公卿。然究其旨，实欲举天下之贤智才能，纳

于其彀中，舍是即难以自见。"①对于当时大多数学子而言，参加科举考试近乎改变命运的唯一出路，而科举制度本身对于学子思想和心态的改造和伤害也是巨大的。朱次琦曾在礼山讲学时批评当时的科举制度和士子风气道："今之弟子所志者，科名而已。所力者，八股、八韵、八法而已。古今之所谓佳子弟，皆古之所谓自暴自弃之尤者也。"②简朝亮虽然少时便意识到八股之学并非真学问，可是家中贫寒的条件迫使他在当时的社会制度下，必须通过科举应试证明自己。在《昏礼上朱先生书》中，简朝亮向九江表达了"立身行道"和"扬名后世"之间的矛盾心理：

> 朝亮闻诸先生曰："《孝经》有言：'立身行道，扬名于后世，以显父母。'君子未有不尚名节而成名者也。"朝亮始闻之，心诵斯言者数日，私考其素名节之地，亦无愧焉。然人生实难，出门而往，百物动人，终身以斯言自箴，其可乎？粤东乡试万有余人，大半买誉录花卷，无买者曰草卷。草卷有先出巧者，买草上花或拜房官贿荐，甚则弄关节替入场屋。乙亥，朝亮赴考不录，科今科得录。而首场草卷，字伪且脱，次三场皆草书，阅者读不能句，奚望焉。书

---

① 商衍鎏：《清代科举考试述录》，三联书店1958年版，第2页。

② 朱次琦：《朱九江先生集·年谱》，《朱次琦集》，第39页。

院校士而养之也，士通司，阍书其赞，趋之者若市门，奚望焉。故古之人修名以孝亲，今之人求名以养亲，其所以求之者，又可羞如是也。①

清代作为中国科举历史上最后一个朝代，考试设计的复杂程度及监考之严格都为历代罕见。讽刺的是，清代也是记录科场舞弊现象最多的时代。简朝亮在《昏礼上朱先生书》中所陈述的，正是当时科举考试过程中上下勾结的腐败现象。当时的科举考试为了防止主考官知悉考生的字体，会安排专人誊录考生的试卷，但这又衍生了新的作弊现象，考试者通过高价贿赂誊卷者才能确保自己的试卷的字迹清晰可识。此外，又有买通主管考试考场官员安排替考者。这些上下勾结，精心逃避考试监察的舞弊行为，一次次冲击着深受九江"崇尚名节"之教的简朝亮。

光绪二年（1876），在礼山游学两年的简朝亮回到顺德曾氏宾馆，一边讲学，一边准备参加当年的乡试，未中。光绪三年（1877），二十七岁的简朝亮第二次来到九江游学，一年后，再次赴考，这次终于以一等第一的成绩选补为廪生。廪生在当时是学子在考取举人前需要通过考试获得的一个重要身份，其名额以"府、州、县大小为多寡之差，大约府四十名，直隶州三十名，县二十名"②。每

---

① 简朝亮：《昏礼上朱先生书》，《读书堂集》卷三，1930年刊刻本。

② 商衍鎏：《清代科举考试述录》，第22页。

位廪生每年可以得到一份固定津贴，称为"饩银"，亦称之为"饩米"（类似今日大学生的奖学金）。饩银金额不大，每年只有四两，不足以改善简朝亮贫寒拮据的生活，但是廪生这一身份对于努力求取科名的学子而言，无疑有着重要的意义。光绪五年（1879），时年二十九岁的简朝亮第四次参加乡试，不中。光绪八年（1882）秋，三十二岁的简朝亮第五次参加乡试，再不中。这年初，朱九江病逝。

光绪十一年（1885），三十五岁的简朝亮第六次参加乡试，亦不中。光绪十四年（1888），三十八岁的简朝亮参加第七次乡试，这年，整个粤东地区有一万多人赴考，半数考生都向誊录官行贿，购买带特殊标志的花卷。简朝亮大受震动，写下《大圃先茔表》一文，向先父及先祖表达了从此放弃科举仕途，一心读书治学的心愿，他在文中写道：

> 乌乎！先考念祖德而勤师教，所以命朝亮学者如此，迨于今年三十有八矣。学虽未成，念先考之言，终不敢怠。自今以始，绝意科举，兼力读书，所敢欺于先考之命学者，上冢而踬，松楸伤行。告之山灵，不偟与祭。①

---

① 简朝亮：《大圃先茔表》，《读书堂集》卷七，1930年刊刻本。

第二节　九江遗集

　　光绪十六年（1890），绝意科举的简朝亮仿效九江礼山草堂在家乡顺德简岸乡筑建读书草堂，各地前来从游学子日众。次年，简朝亮以学行兼优被特旨选为训导，但他仿效先师，称疾不赴，一心专注于讲学与著述。在简朝亮的生平著述里，由其负责编纂的《朱九江先生集》有着特别的位置。作为九江学派第二代学人中的代表人物及九江学派的重要承续者，在九江离世后，简朝亮被众同门推举为九江遗集的编纂者，可谓简朝亮学术生涯中承担的第一项重大使命。

　　光绪七年冬十二月十九日（1882年2月7日），九江病逝家中。由于临终前焚书，大著无一传世，存世文献多为四十岁前已刊诗文及为官山西时所作日记与日常生活度支记录等散碎内容①，加之九江遗孤朱之绥尚年幼，整理

————————

　　① 九江存世文献情况参见拙作：《朱次琦相关文献及其门人考略》，景海峰、黎业明编：《岭南思想与明清学术》，上海古籍出版社2017年版，第315—341页。

九江遗著的重任就落在了九江众弟子身上。光绪十一年
（1885），朱九江去世后三年，由时任学海堂学长陈璞作
序，范公诒校正的九江诗集《是汝师斋遗诗》一卷率先
刊刻，又过去整整13年，简朝亮编纂的《朱九江先生集》
（1897）十卷方刊刻行世。何以简朝亮编纂文集竟历时16
年之久？这期间其他同门对于九江遗著的态度又是如何？
据简朝亮在《朱九江先生集序》中自述，先师遗世文集的
编纂工作之所以迟迟未能完成的缘由有三。其一，九江临
终焚书，著述无传，搜集、整理先师生前著作犹如大海捞
针，既需要时间搜集，又要耐心等待相关文献的出现；其
二，当时流传据称是九江所作诗文十之二三为托名之作，
真假难分，鉴别这些作品需要花费一定的工夫；其三，也
是最重要的一点，即出于编纂的慎重。在编纂文集时，简
朝亮自言对于先师遗集中的一字一句都需小心斟酌。简朝
亮往往终日深居默坐，一旦回忆起先师生前所述片语，便
立即记录下来，之后经反复校订，才敢示于同门。此外，
文集编纂中的实情比简朝亮序言中所记要复杂得多。在
《朱九江先生集》刊刻三十二年之后，已是耄耋老人的简
朝亮客居上海，他在一封写给弟子的信《在沪寄粤东诸学
子书》中，详细叙述了当年整理先师遗集时，由于对先师
思想定位存在不同见解，九江同门之间的一段纷争往事。

　　当时朱次琦逝世，门人从四地赶来祭奠，大家议论
先师无著述留世，应首先将先师生前学行整理撰成一篇行

状，以风后世。据简朝亮在信中回忆，同门推举比简朝亮年长十多岁的梁金韬来撰写这篇行状，自己则被选为助手，辅助梁金韬完善行状中的内容。梁金韬，号巨川，广东南海石湾乡人，同治六年（1867）举人，是朱次琦早年弟子中的代表人物，同治八年（1869）曾选为学海堂专科肄业生，专治《昌黎集》。据宣统二年续修《南海县志》（1910）记载，梁金韬生平著有《爱古堂诗文集》十九卷、《北征日记》一卷、《古今钱录》一卷、《梁氏家言》《梁氏清芬集》等多种著述，惜今日多已佚失，不可考见。

宣统续修《南海县志》中保存了一篇由陈澧高足，亦曾担任过学海堂学长，并与梁金韬多有交往的廖廷相所作《爱古堂诗文集序》。序中廖廷相评论金韬的学问品格道：其"性情学术，朴而介，博而通"，其论学常"谓学问文章，经世才略，不源于古则不深，不案于今则不切"，其论"性理以切于躬行为要，经史以施诸实用为归，则不必分汉宋之名儿自收体用兼备之实，此为学之宗旨也"。而"其论文由韩柳上溯秦汉，论诗由三唐上薄风骚，宋元以下不屑也"。从其论学中重博通、性理重躬行及其文论重韩文等方面看，梁金韬确体现出九江兼采汉宋的治学特质。

当时梁金韬将行状完稿送呈简朝亮审阅，简朝亮认为行状中关于朱次琦为官山西、宰政襄陵的政行内容记述准确，唯独于九江晚年的讲学内容及思想宗旨部分语焉不

详，其缘由或在于梁金韬较早离开礼山，未能体认九江晚
年讲学精神。此外，梁金韬在行状中对于九江与学海堂之
间的关系的表述也引起了简朝亮不满，此中缘由，或出于
梁、简二人对九江思想体认有别。

前文已述，学海堂由阮元督粤期间创建，朱次琦早年
介岭南汉学家曾钊引荐，入阮元督署读书六年，往来皆汉
学鸿儒，对汉学的治学特色及其学风有较为深切的体会。
道光十四年（1834），时任两广总督卢坤和阮元弟子钱仪
吉受阮元嘱托，又创建了学海堂肄业生制度，选取粤地高
才生十人，朱次琦被推选为举首，之后又被推举为学海堂
学长，但皆抱疾不赴。在梁金韬看来，朱次琦被学海堂推
选为肄业生举首和学长，是朱次琦一生中值得特书的荣
誉，但在简朝亮看来，老师的举止蕴意着特殊学术态度。
简朝亮认为，朱次琦南归之后终身不入城市，数十年辞赴学
海堂，背后实则有意与学海堂及当时主导学界的汉学学风划
清界限，梁金韬不明其意，加之其本人与学海堂的密切联
系，故不愿更改行状中相关表述。二人争执未果，简朝亮遂
将自己的看法告诉了师门中地位较高的何炳堃①和罗传瑞。

---

① 何炳堃，字屏山，广东南海县人。光绪元年（1875）举人，
著有《介石斋诗文集》，编有《宣统南海县志》《续桑园围志》。
罗传瑞，字西林，广东南海紫洞乡人，光绪十一年（1885）举人，
光绪十五年（1889）进士，授兵部主事，著有《中外大略》四十八
卷、《小湖山堂诗文集》四卷，编有《事务粹精六种》《范文正公政
府奏议》三卷、《李忠定公奏议》十五卷、《江陵书牍》十二卷。

何炳堃曾与梁金韬同时求学于朱次琦，罗传瑞当时则在京中担任兵部主事。为避免同门相争，两人都未反对梁金韬继续撰写行状，不过也认为简朝亮可以另行撰写一篇行状。后来又有人议论简朝亮对梁金韬提出异议是为争夺行状的署名权，迫于舆论压力，简朝亮没有再以行状的形式来记述先师的学行，转而决定在行状之外另撰写一篇学记，这就是《朱九江先生集》的雏形——《朱九江先生讲学记》。而梁金韬所作行状由于先出，加之其与九江故人多有往来，其《行状》被《九江儒林乡志》所用，流行颇广。据学者考证，宣统《南海县志》和《清史列传》中的朱次琦传记资料，便多袭用梁金韬所作行状。而《朱九江先生讲学记》后来则编入《朱九江先生集·年谱》中，详细记述了九江晚年讲学宗旨和对清代汉学代表人物纪昀、阮元等人代表的汉学学风的批评，这也成为《朱九江先生集》中学术分量最重的一部分。

在编写《朱九江先生集》之前，除了由行状撰写引发的学术争议，简朝亮还批评学长何炳堃为九江祠堂所作祠文中有关九江晚年焚书的原因及九江生前讲学宗旨的细节记述不确。在简朝亮看来，先师临终前将毕生著述尽焚，其意同程颐晚年焚《中庸注》，皆因严肃对待著述，追求至善至臻。而何炳堃祠文中据九江族子所述先师焚书称其因缘于"矜气未除"，无疑与其评价先师"清如刚峰我胜有，子争长足雄又何"诗句中自负之气表达相矛盾。此

外，简朝亮还对《南海县志》中《朱次琦传》提出了诸多细致批评。首先，县志所录传记中有关九江论学只言"持汉宋之平"，缺少对此观点深入解读；对于九江"四行五学"之教的叙述，也犯了重大错误，将修身四行中的第二条"变化气质"放置于第四条"检摄威仪"之后，又将五学中第五条"辞章之学"摆置在第四条"性理之学"之前，可谓"本末失序"。《南海县志》中最不为简朝亮接受的是以"道既不显于天下，文采复不表于后世"一句申发九江焚书，简朝亮认为这一点评贬低了九江焚书的正面意义。

简朝亮一生致力于践行九江遗教，从其在梁金韬行状之外撰写《朱九江先生讲学记》开始，便承担了来自同门间和各界舆论的巨大压力，但他最终以尽心的态度对待先师学术及其遗作，历时十六年完成了《朱九江先生集》的编纂。在《〈朱九江先生集〉序》结尾，简朝亮自白其心："'唯其所在，则致死焉。'予于先生，以其教而生也。予心之生，理所以生也，致死予不敢辞。何为乎避嫌而使天下茫茫然，学失其宗哉？"表达了勇于承续九江学派的使命感与责任感。

第三节　西人西学

　　光绪二十年（1894），中日甲午战争爆发，绝意科举、乡居读书已四年的简朝亮虽然置身官场和战乱之外，但他并非不闻窗外之事，对于历年来西人祸难中华和粤地的种种行径，简朝亮铭刻在心。他深明中国今日形成列强瓜分之局面，并非一日之寒。西人在中国畅行无阻，西学亦介西人侵入铺天盖地输入，师夷风头无两已半个世纪，何以国人在西人面前仍然不堪一击？早在甲午战争爆发前，他在写给友人谈论兵事的书信中，便已开始思考这一问题。

　　当时粤省名士，多出于朱九江和陈东塾门下，两大学派的学子之间也多有交往。如简朝亮同门康有为与东塾高足梁鼎芬相熟，梁鼎芬同门陈树镛又与简朝亮是多年好友，故梁氏自然对竹居学问人品早有听闻。梁鼎芬（1859—1920），字伯列，一字星海，号节庵。与文廷

式、于式枚、陈树镛等学者同出岭南大儒陈澧门下。光绪六年（1880），梁鼎芬中进士，选为任翰林院庶吉士。中法战争期间，因上书弹劾李鸿章，被降级调用，后辞官归粤，入张之洞幕府，是张之洞担任湖广总督期间重要的幕僚，在广东晚清政学两界很有影响。

光绪十二年（1886），简朝亮因为乡中修隄事仗义执言，被邻乡族豪郑氏行贿地方官员构罪，一度身陷囹圄。陈树镛、康有为先后联络梁鼎芬积极搭救，使得简朝亮免于诬告之罪。梁鼎芬敬重简朝亮的学行人品，作有《寄题简朝亮读书草堂诗》五首，其一云："高密通儒经传熟，濂溪老人风月温。诸子纷嚣无用处，始知南海此堂尊。"又一云："多种竹松扶士气，闲论禾稼识农功。旁人莫讶先生隐，儒者勋名本不同。"诗中梁鼎芬先以东汉大儒郑玄和北宋理学开山周敦颐为譬，表达对九江学派专注经学性理的钦佩，又赞美简朝亮隐居读书，是品行如竹节般正直的儒者。简朝亮则在与梁鼎芬交往书信中，多就当时发生的时事发表见解，流露出对西人西学的激烈批评。

光绪十四年（1888）中国有几件大事，一是中法战争中国虽胜犹败，这一年由中法合作建设的电线从越南边境到云南省城一段架设成功，中国西大门进一步被法国控制；二则是英人觊觎西藏，是年三月从锡金悍然出兵，占领了西藏隆吐山；三则是这年冬，丁汝昌出任北洋水师提督，清廷在英德军事顾问的帮助下，经过十余年筹备建设的北洋海军宣告正式成立。简朝亮在是年写给梁鼎芬的信中指出：

> 今海军之师，数十百万铁甲兵，轮决一战于礁波飓雾之中，我得风利而前，寇得风利而逸。电线布地球五大洲，一狂夫可断之，断而可续。若在军报，寇断我续，事同儿嬉。铁路自天津至唐山二百六十里，以渐而加亡事。通商有事，济师转饷，亡事则百货以电音而趋利，斯须患赢市必不售，有事则寇必有谋断我铁路者，外寇内奸，防不胜防。寇断之而我失利，寇不断之我一失守。长驱无险，寇利实多。凡用兵，莫先主气。此三者，寇以为知我之短而先饱，我以为师寇之长而先馁。[①]

在简朝亮看来，师夷之长之所以难以胜夷，其因在于西人将电线、铁路、电报等西方新器引入中国，目的只为求利。而清政府学习西学，建立海军、电报局，也只欲求速效，作为技术的弱势一方，实则时时受西人牵制。加之西人通过武力迫使清政府签订各种不平等合约，要求赔付大量款项，而中国国内政治现实却是腐弊丛生，卖国买办

---

① 简朝亮：《揭晓后复梁星海书》，《读书堂集》卷二，1930年刊刻本。

肆无忌惮，从中谋求个人私利，开设各种名义税款，以举国之力为之输血。另者，乾隆、嘉庆以来，汉学流行，士风重利，科举乱象更是触目惊心，学子早已不明圣贤"所以自治、治人之大法"，致使西学一入中国，便能乘风蛊惑人心。

甲午战争爆发后，简朝亮非常关注战局的动向。当年十月，他再次致信梁鼎芬，对当时中国一味依赖外国军事顾问，而缺乏本土将才表示担忧。次年四月，中日签署《马关条约》，要求中国割让辽东半岛、台湾岛、澎湖列岛予日本，并赔偿日本白银两亿两，举国震动。简朝亮在当年八月《寄冯文学言兵书》中，再次表达了愤慨："方倭事起，仆每有闻，当食而叹，中夜而兴，以为倭人敢背，逞志朝鲜，中国之人，虽贩夫爨妇，无不知其有间中国之谋者，无不知其谋之无厌者，无不气吞倭人，思食其间之肉而后甘心者。"又指出放弃台湾之不智，预言此将催化中国走向军阀割据的情形。

在简朝亮看来，中国并不缺乏优秀的将领和军士，如中法战争期间的刘永福的主力部队黑旗军虽原初只是一支地方农民起义武装，但战斗英勇，立下大功，却始终被清廷排挤，屡被裁减。简朝亮认为，非常时期，应不拘一格降人才，广泛吸纳草莽英雄豪杰，组织一支拥有战斗力的部队，而非只是一味向西人求器。甲午战争后三年，他在《再寄梁星海言兵书》（1898）中又一次向梁氏表达了这

一观点:

> 岳武穆以背嵬军五百人破兀朮十万之众,死士之
> 力也。善将者誓三军之士曰:"妄退者诛。"士知退
> 必死,死之辱也。进步必死,虽死,犹生死之荣也,
> 则三军皆死士也。戚将军死士三千,师行无敌,今乡
> 野壮夫朴而有土作之色、角猎之伎者,可死士也。海
> 之枭魁,山之豪客,招之而弃恶来归者,可死士也。
> 外克之以死士,内备之以义民,兵未有不强者也。闽
> 番社而挫倭人,粤三元里而挫英人,乌乎!苟得良吏
> 虞诩辈,绥用斯民,则田畴乡兵,河北诸民社,蜀雄
> 边子弟,再见于今可矣。①

在简朝亮看来,国人与西人作战,成败关键不能以武
器先进为唯一标准,更不能唯西人军事顾问马首是瞻。强
军不仅需要鼓舞士气,赏罚分明,更要不拘一格兴人才。
简朝亮对西人西器的批评与当时中学愈发被冷落的历史境
遇有关,在写就《再寄梁星海言兵书》同年,简朝亮撰写
了《〈朱九江先生讲学记〉书后》(1898)一文,一方面
旨在刊刻《朱九江先生集》之后,继续阐发先师"四行五

---

① 简朝亮:《再寄梁星海言兵书》,《读书堂集》卷二,1930
年刊刻本。

学"思想；另一方面则是站在守护中学的立场上，批驳当时流行的西学观念。简朝亮首先批评了将中学归结为中国积贫积弱原因的流行观点：

> 今之西学皆曰中国之弱，徒读儒书也，乃求西书。夫西书亦掌故也，求而辨之，奚不可也。今外国之书，皆吝己而骄人，而莫过于西书。西书之不庲者，国人皆兵，文简而事速其尤也，皆六经之常言也。善于经者采之，而不必袭之，况其他乎？不抚之而国人皆兵，害也；抚之而国人不必皆兵，利也。①

同时，他又指出盲目引入民主、民议等西方政治观念的危害，提出中国文化的政治传统自古以来强调君民一体，而西学则强调君民对立，断然实行西学中的民主、民议制度只会催化政治动荡：

> 西书之异者民主，民议其尤也，今惑之者众也。孟子曰："民为贵，君为轻。"谓君不可贱民而重己也，非西说之谓也。《易》曰："以贵下贱，大得民也。"《春秋》曰："卫人立晋。"传曰："立者不

---

① 简朝亮：《〈朱九江先生讲学记〉书后》，《读书堂集》卷一，1930年刊刻本。

宜立者也。"君主而察于民议，风诗谏鼓，上酌庭询，先王之道，所以天下莫强也。后世反之，所以天下莫弱也。夫岂谓君主国弱，民主国强哉？民主而听于民议，且听于民议之众寡已也，放其日为书以宣言，罂乎其篡也。《易》曰："阳一君而二民，君子之道也。阴二君而一民，小人之道也。"君主者，一君而二民也，民主者，其一君而二民乎？其二君而一民乎？

简朝亮认为，西学进入中国之后，相关的知识、名物、制度都一味按照西方的标准，不能考虑中国自身的实情，西学理论中精髓至微的部分则未能被介绍到中国，导致西学难以转化为适用于中国自身的学问：

> 西书言工、言矿、言商，皆不言其至微者也。西法有献其巧者，俾专其利。彼之至微，虽西人亦不尽知也。且我求其书，西人将以书愚我也，兴大工以疲秦，敌间也。《春秋》传曰："地物从中国，邑人名从主人。"虽一物之称，春秋犹绝其嫌也。今执西书，纪其物数，若里若权若度，皆不从中国之名，则嫌矣。犹衒其名饰之考工，告知仆人，矜矜物采，而皆无实焉。乌乎！此西学之清谭也。今之西学皆曰："非游外国，则学之不可得也。"昔者郯子知少皞氏之官，孔子闻之，见郯子而学之，既而告人曰："吾

闻之天子失官，学在四夷，犹信。"今不足征与？夫
孔子因郯子而来朝而学之，非游学于敌国也，其所学
者，古之官也，无与于郯之利害也，故孔子学之而得
也。今之所学者，皆与于其国之利害也，虽学之而终
不可得也。[①]

　　站在今日的视野审视简朝亮西学观，难免会认为其
思想保守，缺乏对待西方学术更为深入的认识。不过这一
批评预设的前提，是将清末腐败政治的症结诉诸传统文
化。从更为广阔的视野审视简朝亮对当时流行的西学观念
的批评，我们会发现其批评旨在提出一种学习西方先进的
科技文化不意味着否定中国自身的传统文化的观点。简朝
亮的西学观发生于当时中国积贫积弱的时代背景，对于简
朝亮而言，中华文化以传统文化特别是儒家文化为根基，
全盘否定传统也否定了民族文化的自信力和生命力，也并
非中国更生自救的唯一正途。从今日中国与世界的全面互
动中，验证了文化自信和独立自主是我国对外政策中的重
要原则，这无疑与简朝亮的对西学批评背后的基本关怀相
一致。另者，晚年简朝亮西学观背后对西学"至微"的诉
求，也体现出其对待西人西学并非一味否定，晚年旅居上

―――――――――――

　　① 简朝亮：《〈朱九江先生讲学记〉书后》，《读书堂集》
卷一，1930年刊刻本。

海时，简朝亮写下《球赛执法歌旅沪阅西报作》一诗，诗中不乏对西人将法治精神孕于体育比赛中积极意义的肯定，展现了中西社会对法律精神的共同诉求：

> 单人敌手争自由，双人竝门交相酬。应猝遥飞网上球，神似将军危急秋。飞球赛胜无利牟，台维司赠梏，人栝赏轮收。一胜一轮旌其尤，众钧不惎吾不求。壮士虽嬉非逸休，中藏兵术阴善筹。铁尔顿赛球，人称美国优。赛胜私卖报章谋，藉名图利名因浮。美人察斯一国羞，赛场绝之毋与俦。执法高传五大洲，鸣呼赛异官嘉猷。天下法官防万流，执法无私能似不？①

---

① 简朝亮：《球赛执法歌旅沪阅西报作》，《读书堂集》卷十三，1930年刊刻本。

第四节　读书山堂

　　甲午战败之后，清廷统治力进一步受挫，各地匪患不断，政府无力管控。广东地区由于濒临出海口，城市乡间都受到海盗及匪患影响，其中又以番禺、南海、顺德三县匪盗活动最为猖獗[①]，加之戊戌变法后，简朝亮同门康有为被清廷通缉，九江学子更是人人自危，光绪二十五年（1899）冬十二月，又有盗贼夜入简岸读书草堂，草堂学子黄赞襄建议简朝亮到其家乡粤北阳山避险。

　　阳山今属广东清远市阳山县，地理位置处在广东省西北部，隶属南岭山脉南麓和珠江支流连江中游，全县百分之八十以上都是山林，交通多依水路，人烟稀少。综合考虑之下，乡居已十年之久的简朝亮决定离开故土，携家人

前往阳山躲避世难。

简朝亮于当年六月二十日出发，在学生黄赞襄的向导和陪同下，携家人一路沿北江溯水而上，历时九日到达阳山，之后先是暂居在学生黄赞襄家中，次年（1900）在黄赞襄伯父阳山士绅黄景韶的帮助下，简朝亮和随行学子在阳山将军山上筑建了读书山堂，开始了长达九年的山居讲学著述生活。山居期间，简朝亮撰写了大量诗文，如《登贤令山》一诗，借对阳山历史的回顾，表达了儒者兴利除弊的关怀：

　　阳山终不穷，天下知韩公。至今贤令山，何人续高风。兹邑郑御史，察弊及邑中。奏言莺粟花，葡博嚣争雄。行旅苦盗贼，是皆疾必攻。天子嘉直言，诏书昔既东。傥得一贤令，除害施民功。民贫不土著，海内大患同。山民喜汎海，诱为金穴工。溯江且旷土，远纵百草丰。贤令能聚民，水法先山农。江陂暨石泉，引灌禾芃芃。副之土宜木，碗确青千丛。民自酿赀为，主者非自封。社将利同社，宗将利同宗。厉绝强傪耕，不妄伐林空。缓征可本富，礼治繇斯从。登山望贤令，佳气其人龙。[①]

----

① 简朝亮：《登贤令山》，《读书堂集》卷十一，1930年刊刻本。

　　诗中的"韩公"指的是唐代贞观年间被贬阳山县担任县令的韩愈。简朝亮山居阳山期间曾多次拜谒阳山韩文公祠，并曾以"告哀御史忧时远，乞命穷民缓税难"（《谒韩文公祠》）等诗句讽谏晚清政府赋税过重，给人民带来深重的负担。"郑御史"是指清代乾隆年间阳山著名地方官员郑士超。他执政阳山期间，在禁毒、禁赌和治盗三方面卓有功绩。简朝亮以两位贤令为例，表明在艰难时期，国家应开垦荒地、兴修水利、减轻赋税，而"妄伐山林"和"汜海为工"都是短视的行为，发展经济应切忌急功近利。

　　简朝亮初到阳山时，不少门人未能同行，身边只有几位旧日草堂学子，后来陆陆续续从广州及附近的连州和本地阳山来学者有二十余人。由于山居条件艰苦，简朝亮的发妻杨氏和鹤山籍学子冯植深都先后因病逝世，但悲伤的情绪并没有影响简朝亮继续带领学子全副精力投身于著述讲学活动。这一时期简朝亮撰有《自阳山寄草堂诸学子书》《再寄草堂诸学子书》《三寄草堂诸学子书》等书信，撰有经学著作《尚书集注述疏》。在三封书信中，简朝亮除了向草堂学子讲述阳山的情况，不忘就当时重大时事发表见解，在引导学生专心治经的同时，鼓励学子通经致用，以待国家之需。

　　庚子年间，北京、天津爆发义和团拳乱，中外关系进一步交恶，简朝亮在《自阳山寄草堂诸学子书》认为问题源自清廷自身政策不当："呜乎！外国之人，其虐中国之人甚矣。数十年来，中国之人皆欲同仇。当事者苟因而用之，何不能强兵以战之？患而遁托于四海一家，翩翩而习西兵，使中国元气之民至于仇教焚杀，激为戾气，岂无其渐乎？以《春秋》之法言之，民之犯命者皆曰盗。既为盗而抚之，宜外国有辞而伐我矣，是失计于先也。然盗满京师，今朝廷抚之，行省诸大臣议与外国剿之，不忧其反噬吾君父哉？"①

当年年底，在《再寄草堂诸学子书》信中，简朝亮引用韩愈《与孟尚书书》"籍湜辈虽屡指教，不知果能不叛去否"一句向众学子指出，愈是世变之时，世人愈不明正学为何，特易误入歧途："天下之变未艾，学失其宗，将有谓古人之所言，学者不足为救时之策，别求一途以达之。大道多歧亡羊，其势然也。凡予言学，素为之书以相告者，若《讲学记》及《书后》《三言兵书》。衷之先圣，箋之先师，适欲以救时，皆百世大义也，亦公义也，非小见私言也。"

光绪二十七年（1901），简朝亮在《三寄草堂诸学子书》中借《尚书》向学子表明中国固有的经典中就有现成的兵政经验可以供世人借鉴："予释《书》至《洪范》

---

① 简朝亮：《自阳山寄草堂诸学子书》，《读书堂集》卷二，1930年刊刻本。

《立政》之篇，而知古之人不我欺，后之人不知其术，而以为迂，非其智，出箕子、周公上也。夫《洪范》者，通皇极于四海者也。纪天之数而无不征之于人，非人无以立政，非政无以用数也。故八政八曰师。师者，兵也。无兵，则诸政必乱，食货皆可夺，而四海之宾者将不宾矣。兵居八政之终，非以为可后也，所以成诸政之终也。"[1]借此呼吁学子以《书》明政，通经致用。也表明了自己以《尚书》作为研究对象，蕴含着对世情的深切关怀。

早在光绪十九年（1893），四十三岁的简朝亮在读书草堂便着手撰写人生第一部经学专著《尚书集注述疏》。这部旨在以九江兼采汉宋的学术精神，回应清代《尚书》学中汉宋之争的力作，历十一年之功，于光绪二十九年（1903）在阳山读书山堂撰成初稿，简朝亮特作《癸卯岁山中元日，自题尚书述草示繡文辈》一诗，向学生表明自己的治经的心路历程：

抱残高望亦何攀，十一年来食未闲。掷笔春思黄海外，著书人在白云间。

经无鴈作分梅孔，古有名家溯马班。愿向龙宫滩上道，自将脱草问韩山。

---

① 简朝亮：《三寄草堂诸学子书》，《读书堂集》卷二，1930年刊刻本。

诗中的"黄海"指的是简朝亮山居期间，不忘关心甲午战事；"龙宫滩"则典出于韩愈《宿龙宫滩》一诗，诗中韩愈以"浩浩复汤汤，滩声抑更扬。奔流疑激电，惊浪似浮霜。梦觉灯生晕，宵残雨送凉。如何连晓语，一半是思乡"，表达了离开阳山前激动的心情，简朝亮则借这一典故，表达自己不完成《尚书述草》，则不离开阳山的决心。

《尚书述草》初稿撰成后，简朝亮又在山堂众学子的协助下，经五年时间修订校勘，最终完成了《尚书集注述疏》三十五卷。对于《尚书集注述疏》这部古典经学诠释著作，民国以来的学者评价很高，如梁启超认为此书与后来简朝亮所作《论语集注补正述疏》在注疏方法上不拘泥于"正统派家法"，但"精核处极多"，能够"折衷汉宋精粹"[①]；陈柱则评价这部书"采集广博，辨析精详，训诂义理，俱所不废，可谓集逊清一代《尚书》之大成"[②]。

简朝亮自己在《尚书集注述疏序》中指出，此书的撰写主要出于对清代《尚书》学三方面的批评，一是批评清代《尚书》学研究只重视考辨伪古文《尚书》中的文本问题，但对于文本背后涉及的经义和经法则缺乏辨析，进而导致经学中最为核心的经世功能逐渐消解；二是批评

① 梁启超：《清代学术概论》，第41页；《近代学风之地理的分布》，《饮冰室合集》文集第四十一，第79页。

② 陈柱：《尚书论略》，商务印书馆1924年版，第44页。

郑玄、马融以来的汉学家将伪古文《尚书》中的《书序》作者托名于孔子，不明《书序》为伪作，且其旨向与《尚书》中经法相冲突；三是批评清代《尚书》学忽视宋代《尚书》学既有成就，没有继承朱子《尚书》学及其后学蔡忱《书集传》研究成果。

简朝亮完成《尚书集注述疏》后两年，即光绪三十一年（1905），中国历史上发生了一件大事。这年八月初四，清廷颁布懿旨，正式决定自次年起废除科举制度，推行学堂教育："著即自丙午科为始，所有乡、会试一律停止。各省岁科考试亦即停止。起以前举贡生员，分别量予出路……著学务大臣迅速颁发各种教科书，以定指归而宏早就。并著责成各该督抚实力通筹，严饬府厅州县，赶紧于城乡各处，遍设蒙、小学堂，慎择师资，广开民智。"①

据《年谱》记载，简朝亮于是年冬十二月得知此消息后，久久不能平静，他暂停山堂讲学，自己默居于山中数日沉思。废除科举后，新的选才制度在创建之初面临各种问题，张之洞、张百熙等参与改革学制的有识之士也开始意识到全面西化之后，过往儒家经典教育所承担的维系纲常、道德教化、文化传承等方面的功能也被消解，而盲目将中西学术都纳入考核之中，既有中学、西学孰轻孰重的

---

① 中国第一历史档案馆编：《光绪宣统两朝上谕档》，广西师范大学出版社1996年版，第三十一册，第115页。

问题，也有取材标准不一的争议。有学者指出："立停科举后，学堂学生在繁重课程与频繁考试的压力之下，既不能成就'通才'，也难以成为'专才'。而价值标准、道德教化与文化传承未能解决找到有效的接续方式，伦理社会失去道德支撑，秩序失范，在思想文化异常活跃的情景下，不免乱象纷呈。"①而对于大多数以儒学为业的学子而言，国家选才制度的革故鼎新，意味着四书五经不能为自己未来的出路提供支撑，随之而来是更为实际的生计问题。简朝亮虽然已绝意科举，但是对于山堂诸学子而言，废除科举还意味着要重新抉择现实出路。

光绪三十四年（1908），清廷以宾师礼奏聘简朝亮为礼学馆顾问官，简朝亮撰《礼说》回辞不就。当年六月，简朝亮离开阳山，回到童年成长地佛山，结束了这段避世治学的时光。

① 桑兵、关晓红编：《"教"与"育"的古今中外》，上海人民出版社2020年版，第76页。

第五节　经史传承

简朝亮的著述与讲学生涯有三个重要时期：一是绝意科举后，在家乡顺德简岸筑建读书草堂讲学授徒，时间跨度从光绪十六年（1890）开始到光绪二十五年（1899）；二是戊戌变法之后，为躲避世乱，从读书草堂迁徙至清远阳山筑建读书山堂，时间跨度从光绪二十六年（1900）夏到光绪三十四年（1908）；三是光绪三十四年（1908）夏六月由阳山返回城市，长期居于佛山，后于民国二十一年（1932）秋迁居广州松桂堂，直至次年六月病逝。

读书草堂时期，简朝亮主要将精力用来编纂先师朱九江遗集，撰写了兵学三书（致梁鼎芬两封、冯文学一封）和《朱九江先生讲学记》《朱九江先生讲学记书后》等书文。著述之余，简朝亮为草堂学子讲授《尚书》《论语》《孝经》《大学》等儒家经典，并开始有意识地将九江学派兼采汉宋的学术旨趣以注疏形式诠释这些经典。山居阳山期间，简朝亮完成了约八十万字的《尚书集注述疏》三十五卷。定居佛山之后，简朝亮著述不懈，又用十年之功，于1917年撰成了近六十万字的《论语集注补正述疏》十卷。离开阳山后，简朝亮又先后在佛山、上海、广州三地撰成《孝经集注述疏》一卷、《礼记子思子郑注补正》四卷、《读书草堂明诗》四卷、《酌加毕氏续资治通鉴》八卷、《朱子大学章句释疑》一卷，主持编纂了《顺德简岸简氏家谱》五卷、《粤东简氏大同谱》十三卷。

简朝亮认为，先师朱九江对清代学术的反思重点在于批评汉宋学术之争，而其撰著《尚书集注述疏》《论语集注补正述疏》，正欲调和经典解释传统中的汉宋注疏，阐发经典注疏对于义理纲常的呈扬。简朝亮指出：

> 明经之志，君子无所争也，义理莫大于纲常，经言殷周所因而知其继也，马氏以纲常释之。曾子称"昔者吾友"而不名，如知其友何人也，必于义理知其友从事也。马氏以颜渊释之，此汉注非训诂者，朱子采其说，此其义理之长也。①

上文中的马氏和郑氏，是东汉经学的代表人物马融、郑玄。简朝亮认为，马融、郑玄对于《论语》的阐发，并

---

① 简朝亮：《论语集注补正述疏序》，《读书堂集》卷五，1930年刊刻本。

不像后来清代以汉学注解《论语》所言，只强调从训诂考据的角度解释《论语》中的名物概念，对于《论语》中伦理和纲常，也时有阐发，而宋代朱熹的《论语集注》则能由博返约，抓住《论语》的中心精神，并在汉儒训诂学的基础之上，从义理的高度把握经典。

如以《论语》中"克己复礼"一句为例，过往汉学家解释此句多引据《左传》楚灵王不能自克的典故，把"克己"理解为"胜己"的同时，批评朱熹将"胜"解释为"以天理胜人欲"，未能以古注为准。简朝亮则指出，朱熹的这一解释实则援引了两方面的古典资源，一是《孟子·告子》篇中论善与不善，"于己取之"之义；二是《礼记·乐记》"人生而静，天之性也。感于物而动，性之欲也"一句中，对人性天人两个层面的划分。

简朝亮的《论语集注补正述疏》的主要工作，除了揭示朱子在《论语集注》中贯注的格物致知与博约贯通的治学观念之外，也提出以清代汉学的新成果来弥补朱注之不足，这和简朝亮在撰写《论语集注补正述疏》之前，精研《尚书》密不可分。如简朝亮指出，《伪古文尚书·武成》篇中"重民五教，惟食、丧、祭"一句，便是从《论语·尧曰》篇中"所重，民、食、丧、祭"篡改而来。简朝亮认为，伪古文这一篡改，将儒家以民为重的精神弱化，朱子虽然对伪古文持怀疑态度，但仍然对其加以引用，未能从经义的层面全面审正伪古文《尚书》。

1918年，简朝亮撰成《孝经集注述疏》一卷。简朝亮在《孝经集注述疏序》中指出，撰写此书主要出于三个方面的原因：首先，先师九江"四行五学"之教，以"惇行孝弟"为首；其次，幼年读书时，其父以《孝经》亲授，在撰写《论语集注补正述疏》时，简朝亮愈发体会到《孝经》之于众儒家经典，发挥着"群经之导"的作用；第三，简朝亮注疏《孝经》的时代背景，正是民国初年军阀混战的年月，作为一本"导善救乱"之书，《孝经》对社会各阶层的道德风气都起到重要的教化作用。如《孝经·纪孝行》章指出："事亲者，居上不骄，为下不乱，在丑不争。"这里的"丑"，简朝亮在《孝经集注述疏》解释为"众"，其依据出于《礼记·曲礼》篇"在丑夷不争"一句。《孝经》言"丑"不言"夷"，是从平等的角度批评在上者"强而兵争"，指出《孝经》强调"道德之和""惟和以处众，虽违众而无争"，背后彰显的是儒家政治伦理观念中以和为本的精神。

1919年，简朝亮又撰成《礼记子思子郑注补正》四卷。此书前三卷重点就郑玄所注《礼记》中《坊记》《表记》《缁衣》三篇经义进行阐发。简朝亮认为，《坊记》《表记》《缁衣》三篇的作者，汉代以来，学者多认为是孔子的作品。但是无论体例还是文本涉及的经学观念，简朝亮赞同南朝时期著名学者沈约和先师九江的观点，即这三篇作者是子思子。简朝亮认为，郑玄作为礼经学大师，

历代学者都曾尝试在其礼学基础之上，进一步推进礼学研究，而从唐代孔颖达至宋以来学者所作疏解，都难以抓住郑玄礼学的精粹之处。简朝亮对《坊记》《表记》《缁衣》三篇中郑玄礼学的阐发，主要依托于朱熹《仪礼经传通解》和江永《礼书纲目》等著作，并在第四卷《附录》部分，于《坊记》《表记》《缁衣》三篇之外，讨论了两百零六个礼学研究中涉及学术问题，重点就黄道周、卢文弨、阮元等礼学大家的学术观点进行了商榷。

经学之外，简朝亮在史学方面，尤其是谱牒学上也卓有所成。宣统三年（1911），简朝亮效仿先师《南海九江朱氏家谱》之例，与其子简咏述共同纂修了《简岸简氏家谱》八卷。1926年，时年七十岁的简朝亮又承宗人之请，担任了《粤东简氏大同谱》总纂，撰写了《粤东简氏大同谱序》《族姓考》等文章，在《族姓考》一文中，简朝亮详细考辨了简氏一族从姓氏来源到族群发展的历史渊源，指出了历代经史文献中关于简氏记载的错漏之处，并提出谱牒之学隶属于史学，学者从事于斯，需要兼备经学、考据之学和掌故之学等多方面的知识，应熟练运用经史互证之研究方法，才能做到论述精密准确，避免贻笑后世。简朝亮及九江以史学治谱学的严谨态度，也为后世谱学纂写树立了典范。

七十四岁时，为刊刻《粤东简氏大同谱》，简朝亮旅居上海，在此期间，又完成了诗学著作《读书草堂明诗》

四卷。《明诗》前两卷专论《尚书》以来的古诗，第三卷专论唐代以来的律诗，第四卷则专论明清律诗与古诗。在《明诗》开篇，简朝亮指出，作诗之道与为文之道相通，其本皆在于宗经，进以提出"非宗经无以明诗"的诗学观念。简朝亮引据《尚书·虞书》舜命夔典乐时所言"诗言志，歌永言，声依永，律和声。八音克谐，无相夺伦，神人以和"一句，提出诗歌自创发之初，便已经包涵圣人教化之旨，又提出诗人作诗需以"性情"为本，强调诗歌的内容应表达平正中和的情感："求《诗》三百之序性情中节，懿乎主文，而声成文者于以推诸《离骚》，耿介其性情而芳洁皆素蓄也。"①

简朝亮反对诗坛喜以某家某派自居的风气，提出"学杜（杜甫）"或是"学李（李白）""学韩（韩愈）"都是"知诗派之末，不知性情之本"。简朝亮对诗歌"性情"和"伦理"的重视，表现出与先师九江相一致的诗学思想，具体又体现在其在《明诗》中选评的历代诗人及其诗作。简朝亮特别推崇杜甫《北征》、李白《大雅久不作》及汉乐府古诗，此外如王粲、曹植、谢灵运、陶渊明、白居易、孟郊、王维、韦应物、杜牧、李商隐、韩愈、欧阳修、苏轼、陆游、文天祥、元稹、顾炎武、陈恭尹、洪亮吉等古今诗人和简朝亮的师友如朱次琦、周瑕

---

① 简朝亮：《读书草堂明诗》卷一，1929年刊刻本。

桃、陶邵学、梁鼎芬，学生胡岳民、伍兰生的优秀诗作，都被他纳入到《明诗》的讨论范围之中。

八十一岁时，简朝亮又致力于宋史研究，并运用九江学派经史互证的思想观念以弥补清代史学家毕沅《续资治通鉴》之不足，在去世之前完成了《酌加毕氏续资治通鉴》八卷。毕沅（1731—1798）是清代乾隆年间著名学者型官员，精于金石史地考据之学，其所主持编修的《续修资治通鉴》二百二十卷，接续了司马光《资治通鉴》之后，从宋太祖建国到元顺帝二十八年之间宋元辽金四百零九年历史。其著运用各类史料百余种，被认为是同类续修《资治通鉴》著作中最优一种。[①]《酌加毕氏续资治通鉴》八卷是简朝亮未完之作，内容跨度上从宋太祖建宋到宋高宗南渡之初，其著的学术目的在于补充毕沅《续修资治通鉴》中精于史料而缺乏史裁、史论之不足，其现实关怀在于借元灭金亡宋的历史，批评宋南渡以后，不能选贤任能，修政强兵，对于晚清以来国势日微的现实有着深刻的借鉴意义。《酌加毕氏续资治通鉴》八卷刊刻于简朝亮去世后第三年（1936）。简朝亮在此期间，还应学子之请，编写、撰定了《朱子大学章句释疑》一卷（1931）和《毛诗说习传序》（1931）等诗文，这些文献今皆存见于世，其代表诗文也被学生编定了《读书堂诗文集》十六卷（包括年谱一卷），于其逝后一年（1934）刊刻。

---

① 梁启超：《中国近三百年学术史》，第424页。

第六节　草堂遗芳

　　1933年九月二十九日，简朝亮逝世于广州松桂堂。各地学子奔赴广州悼念者达数百人[1]，国民党中央社、广东省《政府公报》《大公报》《燕京学报》等官方与民间媒体、学术机构先后发文悼念。《大公报》《燕京学报》称简朝亮的逝世是国失大儒，"邦国殄瘁"；广东省政府则宣布为简朝亮题颁坊额，并请专人采访其事迹以撰成传记，编入省志。作为简朝亮弟子中代表，黄节于是年十月十二日撰写了《悼念简竹居先生》一文，刊发在《大公报·文学副刊》，文中详细回顾了其师生平学行、著述与治学宗旨。

---

　　① "夏六月，先生有疾。秋八月十日戊戌，先生卒于松桂堂，环而侍属纩者，其子孙及群弟子也。弟子奔丧自远而至，皆痛哭。醵金以赙。……丧行之日，白衣冠执绋者千数百人，黯然以哀，观者感动。"（《读书堂集·年谱》）。

黄节（1873—1935），字晦闻，广东顺德甘竹滩人。光绪二十一年（1895），时年二十三岁的黄节入简岸读书草堂追随简朝亮读书，同学中有任子贞、邓实、邓方、张启煌等。简朝亮山居阳山期间，黄节特购书数千卷送至山中。1903年，黄节赴上海，与同门邓实，著名学者章太炎、刘师培、柳亚子、马叙伦、马君武、黄侃等人组织国学保存会，设藏书楼，先后刊印《政艺丛报》《国粹学报》，以"保种、爱国、存学"为口号，传播民族主义和进步思想，在晚清政学两界产生较大影响。进入民国后，黄节先后参与创办南武公学会、南武中学堂，担任两广优级师范教授，广东高等学堂监督、校长；1917年，蔡元培聘请黄节担任北京大学中文系教授；1923年，孙中山礼聘黄节担任元帅府秘书长；1928年李济深聘任黄节为广东省教育厅厅长、通志馆馆长；1929年返回北京后，黄节继续在北京大学担任教授，并兼任清华研究院导师、北京师范大学教授直至逝世。

黄节认为，朱九江门下弟子，以康有为和简朝亮最具影响力。康长素以事功显著，简竹居则以学德为重。在治学方面，康有为引西入中，以公羊学为变法理论之根基，其治学论域和方法，已超出九江之教；简朝亮则处处依循师说，说经论史，以义理打通经世治乱之道，其所论既不离现实，又不急于功利，不为媚俗之学，可谓得九江真传。黄节在悼文中还特别指出，简朝亮所作《〈朱九江先生讲学记〉书后》一文，提出了五大观点值得后人留意。

第一，简朝亮认为，晚清民国以来西学风气的盛行与清代汉学占据学术主流话语有关，原因在于二者都推崇分科治学，其弊端甚大；第二，简朝亮指出，中国古典学术虽然也分文、行、忠、信四教，德行、言语、政事、文学四科，经典也有《诗》《书》《礼》《易》《乐》《春秋》"六经"，但中国学术强调博通，其治学观念有别于汉学专经和西学专科的研究态度；第三，朱子以来的中国学术，沟通格物致知与新民教化，以本末通达，体用兼备为治学宗旨，进以做到"明道术，辨人才，审治体，察民情"，而明清以来的学风，以攻击朱子为尚，不知"学""艺"之分，取"艺"之用而弃"学"之体，可谓本末倒置；第四，简朝亮认为，国家兴亡的关键在于学术，西学取代中学，使我国人忘记中国固有之学的优点，导致西学日盛而中学益衰；第五，简朝亮提出兴邦救亡之道，必须扶正中国之学，以经学为本，践行孔子文、行、忠、信四教，以九江读书五学为归旨，造就通达经世之才。

黄节认为，简朝亮对西学的批评有其不足之处，对于西学的本末源流，不能做到完整真实的了解。西学包含宗教、道德、哲学、政法、经济、自然科学、心理学等多方面内容，其自身亦为本末兼备的一体之学。但黄节也指出，西学虽然有真全之象，但晚清以来中国向西方学习

获取的知识，多为其"艺"而非其"道"，近代中国学人迟迟未能把握住西学的真精神，与其借于武力，以强迫威逼姿态进入中国的背景有关。此中所涉问题，不能简单以中西孰优孰劣简单判定，而如果仅以保守视角审视简朝亮对西学的批评，不能重视其背后复杂的历史纠葛和学术背景，便不能了解其所关心的问题背后的深远意义。

简朝亮逝世后两年，黄节也病逝于北京。与其有忘年之交的著名学者吴宓，同样在《大公报》上发表专文，悼念这位草堂学子。吴宓指出，黄节一生学问志业，受简朝亮启发，其一生治学的根本精神，即在于阐释中国学术之精义。吴宓还特别指出，黄节生平学行，与九江、竹居相一致，有着不受利禄功名诱惑的高尚品行。

1926年，东北军阀进入北京后，改组北京大学，干涉教务，黄节当即辞职，一时依靠变卖古玩字画自给；1928年，广东省长李济深礼聘黄节担任广东省教育厅厅长、通志馆馆长，次年三月，由于军阀混战，李济深被蒋介石软禁，蒋桂战争爆发，黄节当即辞职；1931年，九一八事变爆发，日本侵占东北，国民党放弃抵抗，黄节接连写下《书愤》《重关》《残蝉》等诗，以"眼见三十年来事，又见虾夷入国门""不向辽东着树鸣，燕南秋老尽哀声"等诗句，对国民党和东北军丧权辱国与不抵抗之举表达愤慨；1932年1月，淞沪抗战爆发，日军侵犯上海，汪精卫邀请黄节参加所谓的国难会议，黄节引用《论语》"去食去兵，无信不立"与《荀子》"好利多诈而危，权谋倾覆而亡"句复电，表达对国民党政府投降政策的愤慨，拒不出席。黄节晚年拒绝与国民党合作和民国四年（1915）简朝亮拒受袁世凯礼聘都是以实际行动表达拒绝与卖国政权同流合污。

黄节著述等身，擅诗，与梁鼎芬、罗惇曧、曾习经有"岭南近代四家"之称。除《国粹学报》《政艺学报》时期的著述之外，早年任教广东师范期间，黄节参与编写了不少教科书，具体有《广东乡土历史教科书》《广东乡土历史地理教科书》《广东乡土格致教科书》《古诗歌读本》《诗学讲习录》等。任教北京大学期间，黄节专授诗学与中国文学史，著有《诗学》《文学史概》《汉魏乐府风笺》《鲍参军诗注》《谢康乐诗注》《诗律》《诗旨纂辞》《阮步兵咏怀诗注》《曹子建诗注》《变雅》《蒹葭楼诗集》等多种著作。

黄节之外，草堂学子如邓实、邓方、任元熙、张启煌、岑光樾、伍庄、张子沂等，都深受简朝亮影响，在文化教育、思想艺术等领域做出积极贡献。

邓实（1877—1851），字秋枚，出生于上海，祖籍广东顺德水藤。十八岁时与其弟邓方南归广东，入简岸读书草堂读书三年，与黄节等同门知交。1903年与黄节在上海创办《政艺通报》，借助宣传救国理论，启迪民智；1905年又和黄节等学者建立"国学保存会"，在《国粹学报》

上"谈革命而兼学术"（鲁迅语），弘扬民族文化，积极推动晚清革命进程。进入民国后，邓实继续投身于保存国粹、弘扬传统古籍和文物保护事业，与黄宾虹等艺术家合作，刊刻出版了《风雨楼丛书》《神州国光集》《古学汇刊》《美术丛书》等系列著作。

邓方（1877—1899），字方君，一字秋门。光绪二十年（1894）与其兄邓实读书于读书草堂，好《资治通鉴》，二十一岁时因病去世，遗诗千首，邓实编为《小雅楼诗文集》十卷，今存世。邓方诗文集中记录多首与其兄在读书草堂学习时的诗作，如《谒朱子襄先生祠》《读书草堂题壁二首》《九江书事二首》等。

任元熙（1873—1943），字子贞，广东南海人。清末贡生，民国时期执教于广府中学堂，后创办广才中学，担任校长，简朝亮逝世后撰有《简竹居先生事略》。

张启煌（1859—1943），字筱峰，广东开平人。清末举人，民国时期与同门李赐崇任教于澳门原道书院，受简朝亮之命，撰写了《朱九江先生集注》，后担任《开平县志》主编，著有《殷粟斋文集》《学门述要》《五经述训》《孟子讲义》《四书文法》等。

岑光樾（1876—1960），字敏仲，号鹤禅，广东顺德桂洲里人。光绪十七年（1891）与其兄岑光墉师从简朝亮，于简岸读书草堂读书三年。光绪三十年（1904）中进士，光绪三十二年（1906）赴日本法政大学留学，回国后被清廷授为翰林院编修。辛亥革命爆发后，岑光樾迁居上海，之后返回家乡任教。1926年赴香港，担任官立汉文师范讲习。1947年，岑光樾在香港创办成达中学，担任校长，直至病逝。著有《鹤禅集》存世。

伍庄（1881—1959），字宪子，号梦蝶，广东顺德杏坛村人。光绪二十三年（1897）初至简岸读书草堂，从简朝亮游；当年六月从简岸至广州万木草堂，听康有为授课。光绪二十四年（1898）戊戌变法，万木草堂解散，伍宪子回到简岸读书，简朝亮山居阳山期间，赴阳山读书半载，协助简朝亮撰写《尚书集注述疏》。光绪三十年（1904），与康有为弟子徐勤创办《香港商报》，加入维新会，协助康有为宣传保皇言论。民国后，先后担任广东省内务司长、总统府顾问，后与梁启超、蔡锷等人密谋倒袁。1927年，康有为去世后，又与梁启超、徐勤创立中国民宪党，先后负责党务和担任党主席。1956年，任教于香港联合书院教授，直至去世。著有《经学通论》《国学概论》《中国民主主义》《美国游记》《梦蝶文存》《梦蝶诗存》等。

张子沂，字咏南，广东南海人，追随简朝亮数十年，与同门马黼文、梁东蕃、刘雪一、李智崇、何仲褒等草堂学子，共同负责《朱九江先生集》《朱九江先生讲学记》《尚书集注述疏》《论语集注补正述疏》《孝经集注述疏》《礼记子思子言郑注补正》《读书草堂明诗》《读

书堂答问》《朱子大学章句释疑》《酌加毕氏续修资治通鉴》及《读书堂诗文集》的校勘、编订及刊刻工作。作为弟子代表，张子沂撰写了《读书堂集序》，今见于《读书堂诗文集》中。简朝亮逝世后，张子沂与同门马韵文坚守松桂堂，继续致力于弘扬九江学派，传播竹居遗芳。

第五章

九江学派的弘扬者——康有为

第一节　家学启蒙

康有为（1858—1927），原名祖诒，字广夏，号长素，又号明夷、更生、更甡、游存、游存老人、西樵山人、南海老人、天游化人，广东南海人，光绪二十一年（1895）进士，晚清民初著名思想家、政治改革家、教育家、诗人、学者、书法家。在朱九江的弟子之中，康有为声名最著，也是九江学派重要的弘扬者。康有为生平著述等身，除撰写大量政论、诗文之外，其学术代表著作有《教学通义》（1885）、《康子内外篇》（1887）、《实理公法全书》（1888）、《广艺舟双楫》（1890）、《新学伪经考》（1891）、《万木草堂口说》（1896）、《春秋董氏学》（1897）、《孔子改制考》（1898）、《日本变政考》（1898）、《孟子微》（1901）、《礼运注》（1902）、《论语注》（1902）、《大同书》（1902）、《诸天讲》（1926）等；作为九江弟子，康有为还编有

《先师朱九江先生佚文集》（1908）。

咸丰八年（1858）农历二月五日，康有为出生在今广东佛山市南海区西樵山北丹灶镇苏村（旧名银塘乡）敦仁里的康氏祖屋，其祖上自南宋末年定居此地。相较同学简朝亮出身贫苦，康有为生长于清代一个典型的士大夫大家庭，家境相对宽裕，嘉庆以来，康氏先辈中不乏读书人，康有为在给先祖编写的诗文遗集《诵芬集》自序中称"吾家十三世为儒，未尝执工业"，表达出对家族世代以儒为业的自豪；咸丰、同治年间，康家则频有以武功受禄者。

康有为高祖康辉，字文耀，号炳堂，为嘉庆朝举人，后诰封荣禄大夫、广西布政使，是康氏一族最早以读书获取功名的先辈。康辉曾与当时岭南著名朱子学者冯成修为友，并师从大儒冯敏昌。康有为的祖父康赞修，字述之，道光年间中举，是岭南硕儒何文绮的入室弟子，学宗程朱，曾先后担任过钦州学政、连州训导，后又赴龙门书院、海门书院、东坡书院担任讲席，晚年任羊城书院监院，是康有为童年和少年时期重要的启蒙者和施教者。康有为的叔祖父康国熹，名懿修，号种芝，咸丰年间曾组织乡民团练，平定了南海及附近高要、三水、高明三县的红巾起义，在乡中威望极高。另一位叔祖父康国器，字友之，亦一生行伍，洪杨之乱期间，曾追随左宗棠转战江西、浙江、福建、广东等地平定太平天国与捻军之乱，官至二品护理广西巡抚，是康氏家族官爵最著者。康有为的

父亲康达初，字植谋，号少农，早年和康国器之子康达棻、康国熹之子康达节一道从游朱九江门下，后追随叔父康国器到福建讨伐太平军，在军中担任书记和幕僚，官授江西补用知县。康有为十一岁时，康达初因肺疾卒于乡里。康有为母亲劳氏，名连枝。在康达初逝世之后，家庭生活一度捉襟见肘，劳氏靠着自己仅有的一些储蓄和宗族乡亲的接济，顽强地将康有为和其他三个子女培养成人。

在康有为的童年和少年时代，祖父、父亲与几位叔伯，都曾指导过他读书学习。同治二年（1863），家里特意请来省城名师简凤仪为六岁的康有为开蒙，教授其《大学》《中庸》《论语》《孝经》。八岁时，祖父康赞修在广府学宫孝弟祠讲学，康有为跟随学宫学子一同听讲，叔父康达棻则于业余时间辅导康有为作文。同治五年（1866），祖父康赞修担任《南海县志》编修，赴南海学宫编志，特意将九岁的康有为带在身边，还让他跟同来修志的地方硕儒陈侨鹤、梁健修读经，增长见识。

同治初年，受太平天国和中原皖豫一带的捻乱影响，国家动荡不安，但同时也为有勇有谋之士提供了以武报国、光耀家门的机会。康有为叔祖康国熹和康国器抓住了这一特殊的历史机缘，立下战功，为清廷迎来同治中兴做出了贡献，康氏一族也由此成为了南海一方颇有影响的宗族大家。这一时期，是少年康有为最为幸福快乐的一段时光。当康国器带着平定战乱的胜利喜讯荣归故里，康有为也有机会跟随叔祖父、祖父一同胜游岭南各地名胜风景。西樵山、镇海楼、五羊观都留下了少年康有为的足迹。

同治六年（1867），康赞修赴清远连州担任训导，由于路途较远，只有十岁的康有为未跟随一同前往，居乡继续跟随简凤仪先生学习。这年六月，弟弟康广仁的出生，为康家增添了不少快乐，但不幸的是，父亲康达初的肺疾却在此年加重，第二年正月，便因疾离世。父亲离世后，康有为到连州跟随祖父学习，康赞修也在这位失去父亲护怙的贤孙身上投入了很多爱心，欲将其培养成读书人。康有为后来回忆在连州这段生活时，称祖父对其"日夜摩导以儒先高义、文学条理"，他的知识面变得越来越广，读书领域也由经入史，首次通读了《纲鉴易知录》《大清会典》《东华录》等史学入门著作，并进一步学习了《明史》《三国志》等史籍，文章、诗文功夫也大有长进。

康有为跟随祖父在连州先后学习了三年，同治九年（1870），康赞修被时任广东布政使王凯泰邀请赴广州商讨治理匪乱事宜，十三岁的康有为当时也跟随祖父一起到了省城广州，增长了不少见识。十四岁时，康有为回到故乡，跟随叔父康达节继续学习。康国器和康国熹由于常年征战在外，识见也颇广，购买了不少书籍，战后在故乡修建了澹如楼和二万卷书楼用于放置这些藏书，间接也为宗族子弟提供了一个良好的读书环境。不过岭南地区气候潮湿炎热，不利于书籍保存，康有为曾作《延香老屋率幼博

弟曝书》一诗回忆当年在父亲、叔父的指挥下，和族兄弟一起晒书的热闹场景：

> 百年旧宅剩楹书，旧史曾伤付蠹鱼。一树梅花清影下，焚香晒帙午晴初。[①]

对于一般的士大夫子弟而言，通过科举考试龙门一跃是人生之中不可跨过的一节。康达初去世后，康家上下特别是康赞修和劳连枝尤其希望康有为能够获取功名，故而特意聘请了同乡名儒杨学华专门教授康有为八股文写作。但康有为天性厌恶做程式文章，在跟随祖父在连州时期，他便展露出对八股文的反感，在正直叛逆的年纪里，这一情绪再次涌现了。康赞修看杨学华教学没有效果，又延请了另一位特擅八股的名师张公辅教授康有为，但无奈有为的八股文水平依旧举足不前。在《澹如楼读书》一诗中，我们可以得知这时的康有为似乎并不是不会写八股文，而是从内心深处厌恶这种程式化、功利化的读书模式。在家族的两座大藏书楼里，他第一次摆脱了私塾教学的束缚，遨游在中国古典文化的海洋里，感受到自由读书的快乐，不仅首次阅读到了《说文》一类的汉学著作，还发现了佛教方面的典籍，从此时不时与小兄弟们逃课，大谈

---

① 康有为：《廷香老屋率幼博弟曝书》，《康有为全集》第十二册，第142页。

"学佛"：

> 三年不读南朝史，琐艳浓香久懒熏。偶有遁逃聊
> 学佛，伤于哀乐遂能文。忏除绮语从居易，悔作雕虫
> 似子云。患难百经未闻道，空阶细雨送斜曛。①

同治十二年（1873），康赞修被广府四大书院之一的
羊城书院委任为监院，奔赴广州，无暇监督康有为学业，
康有为遂放开手脚在藏书楼中阅读各类书籍，并一度对毛
奇龄等汉学家的经学考据之学产生强烈兴趣，这自然影响
到他的时文修习，故而遭到了母亲和叔父们的斥责。康赞
修归乡后得知这一情况，却并不急于批评康有为，而是循
循善诱，努力将其拉回到制艺之学的道路上来。

光绪元年（1875），十八岁的康有为再次跟随康赞修
到广州读书学习，康赞修这次找来学海堂名儒吕洪为康有
为讲授时文写作。吕洪，字福瑜，号拔湖，道光十九年
（1839）举人，广东鹤山人，学海堂专科肄业生，曾任韶
州训导，后在广州省城授徒，是当时的名师。拔湖先生对
学生要求极为严格，康有为自称这一阶段"专事八股，一
切学问皆舍去"，但这样的应试教育方式在天性向往在知
识海洋自由驰骋的康有为那里又一次无功而返。光绪二年

---

① 康有为：《澹如楼读书》，《康有为全集》第十二册，第
143页。

（1876），十九岁的康有为参加乡试，结果自然是铩羽而归。康赞修意识到如果继续让康有为接受这种读死书的教育方式，不仅无法帮助他进步，还可能加重其厌学心理，他突然想到自己青年时代的一位好友，或许能够将康有为引入正道，这正是岭南大儒、奇儒——南海九江朱先生。

康赞修与朱九江是同龄人，两人在青年时代时便有交游，今天我们在简朝亮和康有为给先师朱九江编写的《朱九江先生集》《朱九江先生佚文集》中，仍能读到两人往来的书信。其中《答康述之书》，是我们了解朱九江官赴山西这一阶段心路历程的宝贵史料。道光二十九年（1849），朱九江只身一人赴山西需次，先是居住于省城太原的浙江会馆，后又搬至一处僻静的禅堂。康赞修致书信问候，朱九江非常感动，称康赞修信中所言是"性命之交，肺腑之语，沈挚乃至于此，读之令人涕零"。朱九江在回信中不仅肯定了康赞修的学识，还鼓励他无须为前途担忧，并自嘲为官"不过是和尚们隔壁"，并引清初学者王渔洋评山西名臣魏敏果不携家人入京为官亦居佛堂的典故，苦中作乐道：

> "三间无佛殿，一个有毛僧。"今有佛，胜环翁远矣，聊助笑矣。①

---

① 朱次琦：《答康述之书》，《朱次琦集》，第147页。

朱九江在山西七年，政绩斐然，辞官之后，孑然而归，于家乡礼山草堂授徒讲学，一时南海震动，慕名求学者负笈接踵而至。康赞修和康国器、康国熹听闻九江归里的消息，便将康达初、康达节、康达棻三个康家读书苗子送到礼山追随朱九江读书受学，时隔二十年后，康家第三代学子再次负笈礼山。

第二节　礼山闻道

　　光绪二年（1876），时年十九岁的康有为与叔父康达节之子康有霖一道来到礼山，拜入朱九江门下，是为九江晚年弟子。在年轻的康有为看来，九江先生有别于过往任何一位老师。首先，朱九江所拥有的过人学识不是简单的书本知识，而是一一建立在深厚的实学修为和践履之上；其次，朱九江在弃官南归之后，坚拒世俗名利场的诱惑，多次辞去清廷的召用，数十年如一日躬行讲学，专注于地方敦行教化，更新士风、民风，这更是任何一位普通塾师难以企及的；再次，朱九江所倡导的四行五学，融粹汉学、宋学两大学问体系，治学先以儒家修身立德为治学第一宗旨。此外，朱九江极富启发和个人魅力的教学方式，都给十九岁的康有为留下了深刻印象：

　　　　先生壁立万仞，而其学平实敦大，皆出躬行之余。以末世俗汙，特重气节，而主济人经世，不为无用之空谈高论。其教学者之恒言，则曰"四行五学"。四行者：敦行孝弟、崇尚名节、变化气质、检摄威仪；五学则经学、文学、掌故之学、性理之学、词章之学也。先生动止有法，进退有度，强记博闻，每议一事，论一学，贯串今古，能举其词，发先圣大道之本，举修己爱人之义，扫去汉、宋之门户，而归宗于孔子。①

从朱九江处康有为了解到儒学首先应是一种整全通贯的学问，其所涵盖的范围正如北宋大儒张载在《西铭》所言，是包括父母、兄弟、夫妇、朋友、君臣、天下和万物在内的一体之学，其以儒家伦理学说为中心，目标指向面对一切人的教化。康有为自言朱九江的施教使自己如同一个盲人突然重获光明，如同一个疲惫的旅人终于找到了休息的地方，他用四个"必"字形容朱九江对自己的改变：

于时捧手受教，乃如旅人之得宿，盲者之睹明，乃洗心绝欲，一意归依，以圣贤为必可期，以群书为三十岁前必可尽读，以一身为必能有立，以天下为必

———————
① 康有为：《康有为自编年谱》，中华书局1992年版，第6—7页。

可为。①

"圣贤""群书""立身"这三件事对应的其实传统
儒学教育的核心主题，亦即教育应当培养什么样的人？我
们应当如何对待浩如烟海的知识世界？人生存于此世间，
又应当树立什么样的目标？康有为是早慧的，他很早便意
识到如果治学不能解答以上三个问题，那么所谓的科举取
士，以功名光耀家门不过是一种为稻粱谋的手段。

我们首先来看"以圣贤为必可期"。如前文所示，乾
隆、嘉庆两朝以来，官方统治者虽然以各种方式推动文教
事业，但占据学术主流话语的仍然是汉学研究，学者汲汲
于训诂考据之学，虽然推动了经学研究复兴和史地等学科
的发展，但是实际却是以各种方式打压自由思想，强调人
伦内核精神塑造的理学也退化为死板的制艺附庸，对《大
学》《中庸》《论语》《孟子》和"五经"等儒家经典的
解释也逐渐成为了官方意识形态下科举取士的教材，有固
定的模式和套路，极度死板，失去了过往经学传统中允
许学者通过经典注疏表达对家国天下和宇宙人生自由思想
的传统。朱九江还使康有为意识到读书治学不应只是谋利
晋升的工具，不只是为了一己一家一族之私，而应以孔子
以来的儒家圣贤为目标，学以致用，以挽救天下苍生于水

---

① 康有为：《康有为自编年谱》，第7页。

火、改变腐弊恶败的政治社会这样的圣贤志业为己任。

再者便是"以群书为三十岁前必可尽读"。朱九江在授学过程中，非常强调给学子灌输"通经"精神。他常引用韩愈"士不通经，果不足用"一语，表达阅读经典的目的在于回到实践。那么什么是"不通"呢？朱九江认为"不通"的特点便是"执一""嗜璅"，死守书本和故训，认为经典有且只有一种诠释方式是正确的，这种读书方法的表现在解答经典中某一个细碎问题时，常常衍变以"二三万言"来"说五字之文"，致使从学者终身难通一经，其结果自然是使活泼泼的少年"毁所不见""终于自蔽"。朱九江所批评的，其实正是当时汉学大炽背景下，群儒各守一经一法，旁观世事的士风现状。他常以孟子"诗无达诂"和董仲舒"《诗》无达诂，《易》无达占，《春秋》无达辞"来告诫学子，决不能只是满足于做书中蠹虫。

最后是"以一身为必能有立，以天下为必可为"。康有为曾用"信乎大贤之能起人也"来形容朱九江的育人之道：此处的"起人"二字尤其值得注意。"起"是"激发""激越""起兴"之意，朱九江在日常教学中，非常注重启发式教育，在讲课过程中，他只携带一册《论语》放置在讲台之上，视其若木铎，讲授开始后，全程脱稿，结合生动的经史案例和自身的实学践履，唤起学子兴趣，激发其对时事的关切与高涨的读书热情，讲到"至夫大义所关，名节所系，气盛颊赤，大声震堂"，使听者当下

有所感悟。九江这种打破传统照搬书本的授课方式，以其自身高尚的品行为学子树立鲜活的典范，其冲击力是巨大的，康有为自言听了九江授课之后，当即决定"谢绝科举之文"，终身"与古圣贤君子"为伴，这便是启发式教育的效果，它使得学子从科举考试繁重的重压中抬头，唤醒其道德意识，为个体挺立注入了勇气，使其重新思考人之为人的目的，思考自己能为亲人、宗族、社会、国家、天下做什么，进而树立了高尚的奋斗目标。

康有为在礼山先后游学三年，这期间他日夜通读宋明理学和历代经学注疏，在朱九江"四行五学"之教的引领下，兼综小学、史学、掌故、词章等学问，读书逐渐从"但无门径"到"焕然贯串"。朱九江非常注重史学对于经学的参证价值，认为史学是走向践履的重要途径与参照，而康有为在礼山学习期间，在史学修习方面下了很大工夫，当时朱九江出《五代史史裁论》一文考察学子功课，康有为以唐代史学家刘知几《史通》体裁为例，撰写了一篇二十多页的小论文，得到朱九江的好评，朱称赞其有著书立说的潜质，给予康有为很大的自信心。康有为又在朱九江的指导下，继续研读王应麟、顾炎武、钱大昕、赵翼等名家文集，通读了《困学纪闻》《日知录》《钱辛楣全集》《廿二史劄记》等经典名著。

光绪三年（1877）五月，在礼山读书的康有为接到祖父康赞修因连州水灾罹难的消息，受到巨大震动，由于自小父亲生病离世后，康有为便跟随祖父读书生活，祖孙二人情感深厚，康有为一度难以从悲伤之中走出，多日滴水不进，恸哭流涕。朱九江也在得知康赞修因意外离世后，深感遗憾，写下了"一生谨慎"四字以寄悲思。是年冬，康有为与家人将康赞修安葬于故乡。次年，二十一岁的康有为回到礼山，继续跟随九江读书。

在礼山读书的最后一年中，康有为继续致力于经史典籍的学习，经学方面，专攻《周礼》《仪礼》；史学上，则继续在朱九江引导下，攻读前四史，并着重在范晔《后汉书》下了很多工夫；小学方面，系统学习了《尔雅》《说文》；文学方面，如《楚辞》《汉书》《文选》和徐陵、庾信、杜甫等经典名文与名家诗歌也都达到了成诵的水平。朱九江在讲学时，尤其注重贯通精神，故特别为学子讲授了古代文体发展的历史，其中他最看重的是秦汉诸子之文和唐代韩愈的古文，康有为因此也在诸子学和古文上也下了不少工夫，通读了大量先秦诸子的文献，并特意把韩愈、柳宗元的文集找来阅读学习。然而对比之下，康有为认为韩愈的古文虽然不愧名家，但是其思想深度却远不及先秦诸子，故作大胆议论，称韩愈古文只注意文体的结构变化，其文章背后没有太深的思想，缺乏道术，比不上荀子、庄子；其《原道》一文，也是徒有虚名。

康有为的大胆言论，在同学之间引起了不小争议，有同门认为他对待先贤不够尊重，而治学严谨的九江先生，

却没有给予康有为太多严厉批评，只是笑着说他不可作狂生言论。这年冬天，大概是听了九江先生对清代汉学家专事著述、不视现实的批评，康有为又开始思考读书究竟为何用的问题。他谢绝同学和来访的朋友，自己躲在礼山的宿舍闭关静坐，弃书不读，同学都感到很吃惊。在静坐时，他甚至体验到类似王阳明在贵州龙场"忽见天地万物为一体""大放光明"的顿悟经验，放声大笑；转念又想到祖父遽然逝世，天下苍生一片暗淡，又悲从中来，伤心恸哭。同门都觉得他像是生了心病，事后康有为自己也觉得当时是因为学问积累不足，一味"求道心切"，继而陷入了"飞魔入心"魔怔中无法走出。这年冬，康有为离开礼山，前往西樵山静修。

康有为没有在后来的自传中说明当时是以何种言辞告别九江先生，但从次年他隐居西樵山的经历来看，当时他确实陷入到一种精神的高度困惑与迷茫之中。于朱九江而言，其晚年学问已入臻境，而老师的很多话语，对于只有二十出头的康有为而言，尚不能体悟其深意，亦属常情。在西樵山隐居期间，康有为一度又痴迷于佛道著作，有了很多神秘体验；读《老子》时，一度欲作注疏，可又突然产生了极度的厌恶之感，遂而放弃。这样的迷茫和游荡，让家人甚为之担忧。祖父去世后，康有为的生活学习主要靠几位叔父接济，母亲也在科举考试上对他寄予厚望，家人无奈以停止接济为要挟，康有为只好离开西樵山回到故乡，收拾心情以安心读书。

第三节　古今中西

从西樵山归家后至光绪八年（1882）九江先生去世之间的三年里，康有为一直居乡读书，其间他一边辅导几位族弟如康有铭、康有溥、康有霈的功课，一边在叔祖的藏书楼中继续沿着九江指画的"四行五学"的为学线路攻读各种经史子集著作。在理学方面，他将精力用于研读清代理学家张伯行的《正谊堂集》和朱熹的《朱子全书》，辅之以白沙心学和顾亭林的经济之学；小学方面，用力于《说文解字》，兼及阮元《皇清经解》；经学方面，专攻公羊学，并就汉代公羊学家何休的学说，编写了一本《何氏纠谬》，不过后来觉得不甚满意，将其焚烧掉了，未能留世；史学方面，日读唐宋史，辅修魏晋南北朝史；掌故之学方面，主攻道光、咸丰、同治三朝掌故，并通读了《周礼》《太平经国书》《文献通考》《经世文编》《天下郡国利病全书》《读史方舆纪要》等多种礼学、经世学

文献。

除了深研传统之学外，康有为隐居西樵山时结识了一位名士，对其日后扩展治学方向有不小影响，此人名为张鼎华。张鼎华，字廷秋，广东番禺人，光绪三年（1877）进士，授翰林院庶吉士，曾任粤华书院主讲，也是前文提到的岭南名士梁鼎芬的舅舅（张鼎华去世后，康有为与梁鼎芬也建立了深厚友谊）。康有为与张鼎华相识时，张氏刚从北京回到广东，在张鼎华的介绍下，康有为不仅接触到了北方学界的最新动态，还了解到西学方面的知识。张氏推荐康有为阅读了《西国近事汇编》《李环游地球新录》等著作，这些西学新知使二十二岁的康有为耳目一新，从此他开始关注西学，非常注意收集这方面的新书籍，中西学术自此也成为了康有为治学并重的两个方向。

光绪七年冬十二月十九日（1882年2月7日），九江先生卒于九江家中，临终前将生平七种重要著述尽焚，引起世人无数叹惜和不解。康有为接到消息后，第一时间奔赴九江和同门一道为老师送殡，他在日后编写的《先师朱九江先生佚文集》中，表达了对先师焚书举措的体悟：

> 夫言之不足以化人久矣。文人之无实多矣。天下无我是书，而教化遂以陵夷，人心遂以熄绝，则其书必当存也。天下无我是书，而教化无大损，人心未至灭，则先圣先哲之遗书具在，循而行之，大道可宏，

生民可救，则何必以著作炫世乎？[①]

　　在这段文字中，康有为三次用"化"字表达对先师焚书的理解。其中"不足以化人久矣"一句中所指的"久"正是有清三百年学术，而"不足以化人"则是九江先生对清代学术学风的批判性见解。九江虽然成长于岭南汉学大盛的背景之下，但是自其成年之后，便立下经国之志，对于清代汉学家为代表编纂的《四库全书》和《皇清经解》及其引领的乾嘉学风，他痛斥为"蠹大义""何偏之甚也"[②]。康有为对于先师以激进的焚书行为表达对汉学只埋头著述，不暇经世学风的反抗感到震撼的同时，不禁感言道："先生之德，于是至矣。后之人，受不言之教，以躬行为归，何必遗书？"又指出："否则著书等身，而中心薉慝，其书愈多，其名愈盛，其坏风俗败国家愈甚，是毒吾民也，奚取焉？"[③]

　　康有为在祭奠过老师之后回到故乡，治学更加以经世致用为目标，先后又攻读辽金元明史和《东华录》等掌故

─────────────

　　① 康有为：《朱九江先生佚文序》，蒋贵麟辑：《康有为编注康氏先世遗诗　朱师九江佚文合集》，台北成文出版社1983年版，第70页。

　　② 简朝亮：《朱九江先生讲学记》，《读书堂集》卷一，1930年刊刻本。

　　③ 康有为：《朱九江先生佚文序》，《康有为编注康氏先世遗诗 朱师九江佚文合集》，第70—71页。

学方面的著作。是年五月，他到顺天府参加乡试，也是人生第一次有机会游历京城，瞻仰帝都气象。从北京回来的路上，康有为途经上海，这时的上海自中英鸦片战争沦为半殖民地在西人管制之下已近四十年，康有为感慨上海市容繁盛的同时，也意识到学习西方政治制度、学术文化知识的紧迫性。他购买了大量江南制造总局翻译馆翻译的西方科学、技术方面的书籍和美国传教士林乐知创办的《万国公报》，归乡之后，除了继续在古典经史与掌故之学方面下工夫，则主要将精力用于研读这些西学文献和新知识，其中包括声学、光学、化学、电学、物理学等各类科学方面学术著作及各国历史、游记等。在这段时间中，康有为如同一个驰骋在中西学问的海洋中矫健的水手，不断乘风破浪，积蓄着知识和能量。

游学归来之后，康有为做出的第一件受西学影响的举措是发起了反对妇女缠足运动。他先是拒绝族内亲长对自己的大女儿康同薇缠足的举措，接着又和临乡有游历海外经历的士绅鄂良一道推动成立"不缠足会"，为日后他和弟弟康广仁成立"粤中不缠足会"推动全国女性不缠足运动奠定了基础。在《戒缠足会启》一文中，康有为指出缠足之风的兴起并不是中国历史一直以来的传统：

　　缠足之风，俞正燮谓始于赵之跕利屧，殆不然也。唐人尚无是俗，李白诗所谓"一双金齿屧，两足

白如霜，不著鸦头袜"，韩致光诗所谓"六寸肤圆光
致致"，不缠足之证也。作俑者，其南唐之宫嫔宵娘
乎？宋时唯程子之家不缠足，则是其风亦行。降宋迄
明，僻奥之壤皆遍，遂至于今。

他又指出缠足对于妇女身体、精神和生活的伤害是巨
大的：

> 夫天之生人，指趺完美，其长以咫。屈而纤之，
> 拳曲臃肿，是古之刖刑也。女子何罪而加刖之？且刖
> 者不出于他人，而出于父母，专伤生人之肌，坏骨肉
> 之恩，损天性之亲，天下之悖理伤道，莫此为甚。①

康有为后来回忆这段历史，指出这项为妇女争取权利
的事业和他倡导废除科举考试中的八股文一样，在起始阶
段都遭到了巨大的阻力，但他既没有放弃，也没有意料到
这两项事业在二十年后都取得了成功，故不禁感慨人生需
要立志，并诚以行之的重要性："古学者必在发大愿，既
坚既诚，久之必有如其愿者。"②
从光绪十年（1884）至光绪十四年（1888），康有
为由青年步入中年，五年间，他一边居乡读书，一边著

---

① 康有为：《戒缠足会启》，《康有为全集》第一册，第4页。
② 康有为：《康有为自编年谱》，第11—12页。

书立说，先后编写了《教学通义》《人类公理》《康子内外篇》等著作。其中《教学通义》（1886）现存"原教"、"备学""公学"（上中下）、"私学""国学""大学""失官""亡学""六经""春秋""立学""从今""尊朱""幼学""德行""读法""六艺"（上中）、"敷教""言语""师保"二十九篇，另有"官学""六艺"（下）、"乐""书""教""谏救"六篇只存有篇目。其书着重表彰了周公、孔子、朱子在古典政治及文化制度上的重要地位，在学术态度上，此书已经流露出复古改制的思想先兆；在经学观上，有别于后来《新学伪经考》和《孔子改制考》中对古文经学的批判态度，体现了康有为基于古今学术传统，依托《周礼》《春秋》两经，兼同今古文经学，进以呼唤经世致用，改革现实政治制度的愿望。

　　《人类公理》一书，据学者考证，为康有为后来所作《实法公理全书》（1888）一书之雏形。《实法公理全书》的章节设计据康有为自言，是受到西方算学中几何比例观念的影响。其书首列"凡例"，后设"实字解""公字解"两篇，从第四到第十六篇，则分别为："总论人类门""夫妇门""父母子女门""师弟门""君臣门""长幼门""朋友门""礼仪门""刑罚门""教事门""治事门""论人公法""整齐地球书籍目录公论"。康有为在《凡例》中指出：

　　凡天下之大，不外义理、制度两端。义理者何？曰实理，曰公理，曰私理是也。制度者何？曰公法，曰比例之公法、私法是也。实理明则公法定，间有不能定者，则以有益于人道者为断，然二者均合众人之间定之。①

又指出：

　　是书于地球上诸教所有制度，其非大背实理者，必尽辑无遗；虽显背实理，而地球上之人犹有行用者，亦尽辑无遗；必既背实理，又无复有行用之人者，始不登录。其两教相同之制度，则按语中亦详言之，此外更参以新得之公法及比例之法。凡一门制度，必取其出自几何公理，及最有益于人道者为公法。其余则皆作比例，然亦分别比例之次第焉。②

　　这里，康有为将中国传统的"义理"对应"实理"，用"制度"对应"公法"，表现了其将中西哲学、制度观念整合的思想主旨。如在《夫妇门》中，康有为先解释了什么是夫妇之间的"公法"，在他看来，婚姻的本质精神

---

　　① 康有为：《实理公法全书》，《康有为全集》第一册，第147页。
　　② 康有为：《实理公法全书》，《康有为全集》第一册，第147页。

是两情相悦则合，不悦则分，如若有相互攻击的行为，则要诉诸法律评判。康有为将中西历史上及现存的各种婚姻制度表述为不同的"比例之法"，如有一夫一妻制、一夫多妻制、离婚制、不可离婚制等，之后再以其所确定的"公法"对各种"比例之法"进行批评，如对待传统文化中包办婚姻、干涉男女婚姻自由以及一夫多妻这样的"比例之法"。康有为基于"公法"予以批驳，反映了他的思想中已经受到西方平等主义、人道主义精神等价值观念的影响。

《康子内外篇》（1887）包括阖辟篇、未济篇、理学篇、爱恶篇、性学篇、不忍篇、知言篇、湿热篇、觉识篇、人我篇、仁智篇、势祖篇、地势篇、理气篇、肇域篇共十五篇，其中"内篇言天地人物之理，外篇言政教艺术之事"，内容上"兼涉西学，以经与诸子"学为基础，各篇分别就文化政治制度传统起源、宇宙论、伦理学、宗教学、世界地理与制度发展等多个议题提出了综合性的见解。楼宇烈指出，此书是"康有为接受西学，冲破旧学故见束缚，在思想上发生重大转变时期的一部代表作"[1]。而康有为自我评价这一阶段的创作目的是在中西学术和印度佛教的启发下，欲"合经子之奥言，探佛儒之微旨，参中西之新理，穷天人之赜变"[2]。

---

[1] 楼宇烈整理：《康子内外篇》（外六种），中华书局1988年版，第2页。

[2] 康有为：《康有为自编年谱》，第12页。

第四节　万木薪传

　　光绪十四年（1888），三十一岁的康有为再次赴京参加乡试。光绪十年（1884）七月，中法马江海战爆发，清政府奉行求和原则，贻误战机，致使福建水师全军覆没，举国哗然。康有为和在京改革派官员黄绍箕、沈曾植、屠仁守志趣相投，四人联笔写就万言书，立陈变法改革之迫切，但由于当时顽固派势力阻挠，四人的上书并未被传达至光绪处。康有为居京一年有余，紧张的政治氛围加之身份的限制，使他未能获得更多参与现实政治的机会，于是他将精力用于读书，并在沈曾植的建议下，陶遣于金石之学，编写了书法史著作《广艺舟双楫》。光绪十五年（1889）九月，康有为对北京的政治环境感到失望，决意离京归粤，专事讲学与著述。光绪十六年（1890），康有为从故乡移居广州祖宅云衢书屋，次年（1891）正式在广州长兴里万木草堂开堂授徒，康有为后来应陈千秋、梁启

超之请，将万木草堂的讲学主旨编写成《长兴学记》一书，详细记述了万木草堂时期的施教细节，其中首言"博学"的重要性：

> 同是物也，人能学则贵，异于万物矣；同是人也，能学则异于常人矣；同是学人也，博学则胜于陋学矣；同是博学，通于宙合，则胜于一方矣；通于百业，则胜于一隅矣。通天人之故，极阴阳之变，则胜于循常蹈故、拘文牵义者矣。故人所以异于人者，在勉强学问而已。①

"博学"之旨，其起点正是九江讲学吸取清代近三百年学术发展的一大特点，亦即在清初朱子学的影响下，不断扩大知识的广度与深度。康有为在学纲设计上，也在朱九江"四行五学"说的基础上，进一步整合古典学术和西学新知。如修身学方面，他在九江修身四行说的基础上，吸纳了陆王心学在道德教化、心性修养方面的丰富理论，其目的与其师同出一种用意和关怀，即启发学子在博学中西的同时，要时刻要以现实关怀为本，进以"由博返约"，回到经世的路线上来。梁启超后来便将万木草堂的教学宗旨总结为两大部分：一是学纲，二是学科。其中

---

① 康有为：《长兴学记》，中华书局1988年版，第4页。

学纲有四项内容，出于《论语·述而》篇中孔子所言，即"志于道、据于德、依于仁、游于艺"。其中"志于道"又下分四个具体项目，分别是：格物、克己、励节、慎独；"据于德"下分主静出倪、养心不动、"变化气质""检摄威仪"四项；"依于仁"分为"敦行孝弟"、崇尚任恤、广宣教惠、同体饥溺四项；"游于艺"则包括礼、乐、书、数、图、枪六项。学科部分又分为科内和科外两类。其中科内又细分为四学，分别是：义理之学、考据之学、经世之学、文字之学。义理之学下设五学：孔学、佛学、周秦诸子学、宋明学、泰西哲学。考据之学下设六学：中国经学史学、万国史学、地理学、数学、格致学。经世之学下设五学：政治原理学、中国政治沿革得失、万国政治沿革得失、政治实应用学、群学。文字之学下设两学：中国辞章学、外国语言文学。科外学科氛围校中、校外，其中校中设演说、札记两项，校外设体操、游历两项。①

从万木草堂丰富的学纲和学科安排上，我们能看到康有为以先师九江先生"四行五学"的教学宗旨为基础，进一步容纳中西学术，打破狭窄的治学视野，强调博闻强识，更新知识系统的雄心壮志。学科方面，则在经世之学为主导的学旨下，在读书五学的基础上进一步吸收了佛

---

① 梁启超：《康南海先生传》，《饮冰室合集》第一册，第65页。

学、西方哲学、史学、文学、伦理学、社会学、政治制度研究等中学之外的知识系统；此外还在实践方面，兼及培养学生的表达能力、身体素质和视野见识。

除了学纲、学科的设置上有别于当时的书院和私塾教育，康有为还将九江先生启发式教育方式与学者治学的严肃威仪应用到万木草堂的教学当中。梁启超在《南海康先生传》中"教育家之康南海"一章中回忆其师的教学方法和主旨道：

先生能为大政治家与否，吾不敢知；虽然，其为大教育家，则昭昭明甚也。先生不徒有教育家之精神而已，又备教育家之资格。其品行方峻，其威仪严整。其授业也，循循善诱，至诚恳恳，殆孔子所谓"诲人不倦"者焉。其讲演也，如大海潮，如狮子吼，善能震荡学者之脑气，使之悚息感动，终身不能忘；又常反覆说明，使听者涣然冰释，怡然理顺，心悦而诚服。中国学风之坏，至本朝而极；而距今十年前，又末流之末流也。学者一无所志，一无所知，惟利禄之是慕，惟帖括之是学。先生初接见一学者，必以严重迅厉之语大棒大喝，打破其顽旧卑劣之根性。以故学者或不能受，一见便引退；其能受者，则终身奉之，不变塞焉。先生之多得得力弟子，盖在于是。其为教也，德育者居十之七，智育者十之三，而体育亦特重焉。①

晚年又回忆万木草堂这段学习经历时道："先生视
之（学生）犹子，堂中有书藏，先生自出其累代藏书置
焉，有乐器库，先生督制琴竽干戚之属略备，先生每逾午
则升坐讲古今学术源流，每讲辄历二三小时，讲者忘倦，
听者亦忘倦，每听一度，则各各欢喜踊跃，自以为有所创
获。"②卢湘父也在《万木草堂忆旧》中，描述了康有为生
动的教学形象：

> 朱九江先生之学规四条，其一曰："检摄威
> 仪"，草堂亦以此为训。《诗》曰："朋友攸摄，摄
> 以威仪。"故威仪尤为朋友所当注意也。万木草堂之
> 威仪，有足述者。凡上堂必穿长衣，虽祁寒盛暑，无
> 短衣露足者。尔时之蓝夏布长衫，散裤脚，为康门之
> 寻常装束，俗人一望而知其为康门也。康师每次讲
> 授，必先标讲题于堂上。届时击鼓三通，学生齐集，
> 分东西鹄立成行。康师至，左右点首，乃升座。学生
> 依次分坐，中为师席，两旁设长桌东西向。……康师

---

① 梁启超：《南海康先生传》，夏晓虹编：《追忆康有为》三
联书店2009年版，第7页。
② 梁启超：《康南海先生七十寿言》，许衍董、汪宗衍编：
《广东文徵续编》第一册，广东人民出版社2018年版，第604页。

讲学不设书本，讲席上惟茶壶茶杯，余无别物。……盖康师娓娓不倦，辄历二三小时……康师举动严重，未尝见其交足叠股。上堂讲授，历时甚久，而八字着脚，到底仍不懈也。……总之草堂学风严整，无当时陋习，故咸以为怪。[1]

康有为不仅注意培养学生治学的精神气质，在草堂的具体教学环节也下了很多心思。在自己担任万木草堂总教授之外，还专门任命了三至六位学子担任学长，监督落实各个学科的学习与实践，这使得学生有机会参与教学环节。对于学生的日常学习，康有为设计了"功课簿"和"蓄德录"制度。"功课簿"制度要求学子每天在听讲、学习之余，将读书所疑和心得记录在一本功课簿上，每半个月呈缴给老师批答，写满之后再存入藏书室，供新生学习阅读。当年与哥哥梁启超同在万木草堂学习的梁启勋回忆道："功课簿是万木草堂一件重要制度，每见学生写一条简短的疑问，而康先生则报以长篇的批答。即以我本人而论，有一次我写一条质疑……不过百十个字，但康先生当年的批答，却有好几百个字。"[2]而"蓄德录"则要求学

① 卢湘父：《万木草堂忆旧》，夏晓虹编：《追忆康有为》，第180—182页。

② 梁启勋：《"万木草堂"回忆》，夏晓虹编：《追忆康有为》，第190页。

子轮流在一本厚册上录入古人格言和警语，帮助学子之间互相提醒、勉励。光绪二十二年（1896），万木草堂学子将功课、笔记编选成书，康有为特意作诗三首以记，其一曰："万木森森万玉鸣，集鳞片羽万人惊。更将散布人间世，化身万亿发光明。"①这表现了老师对于学生学业成果的珍视与期许。

据梁启超和卢湘父等康门弟子回忆，万木草堂在创设初期学生规模只有一二十人，至光绪甲午、乙未间（1894—1895），学生增加为五十人左右，后来随着康有为讲学声名愈发广播，全盛时康门弟子遍布全国，人数以千计。作为康有为讲学生涯的重要起点和根据地，万木草堂在康有为的思想及生平中有着极为重要的意义。草堂讲学期间，他将从九江先生处所授古典学与西学新知融会贯通，培养了陈千秋、梁启超、徐勤、曹泰、梁朝杰、韩文举、王觉任、林奎、陈和泽、梁启勋、麦孟华、陈荣衮、张伯荫、欧榘甲、陈焕章、伍宪子、卢湘父等一大批优秀学子，他们后来或成为康有为变法改革的重要帮手，或在学问上有所成就。在康有为众多弟子之中，陈千秋、梁启超既是万木草堂最早及门的两位学子，也是早年弟子中最受器重者。

---

① 张伯桢：《戊戌政变前后之万木草堂》，夏晓虹编：《追忆康有为》，第197页。

陈千秋（1869—1895），原名通甫，字礼吉，广东南海人，与康有为同乡，早年就读于学海堂。光绪十六年（1890），康有为由京返粤，移居广州祖屋，陈千秋听闻康有为在京上书事迹后欲求见，康有为先以客礼，后二人三论经史，康有为以"孔子改制之意，仁道合群之原，破考据旧学之无用"说启发陈千秋，陈千秋感悟其说，拜入门下。康有为对陈千秋评价极高，认为他"天才亮特，闻一知二，志宏而思深，气刚而力毅，学者之所未见也"。①光绪十九年（1893），南海匪盗猖獗，康有为家乡原设团练局筹防匪患，为其叔祖父康国熹负责。康国熹逝世后团练局被腐败官员张嵩芬把持，张氏勾结匪盗，民不聊生，乡人请求康有为主持正义，陈千秋主动请缨，后因肺疾殉于事中，年仅二十六岁。

梁启超（1873—1929），字卓如，号任公。广东新会人。早年游学学海堂，后在同学陈千秋引荐下拜入康有为门下，在万木草堂读书三年中，尽弃训诂考据之学，康有为授其陆王心学、史学及西学大要。二十二岁追随康有为入京，发动公车上书，为康有为政治活动最得力助手。后与同学麦孟华在上海主持《时务报》，主讲长沙时务学堂，推动变法。戊戌变法后至日本，创办《新民丛报》《国风报》，继续致力于宣传进步思想。民国年间回国创

---

① 康有为：《康有为自编年谱》，第19页。

办《庸言报》，参与政治经济制度改革，先后担任司法部部长、制币局总裁等职，后游历欧洲，归国后致力于教育文化事业，历任北京图书馆馆长，清华大学研究生院导师，南开大学、燕京大学、东南大学、中国大学等大学教授。生平著述等身，有《饮冰室合集》存世。

第五节　复古革新

　　康有为在万木草堂授徒时，曾作《门人陈千秋、曹泰、梁启超、韩文举、徐勤、梁朝杰、陈和泽、林奎、王觉任、麦孟华初来草堂问学，示诸子》诗一首，反映了他在万木草堂讲学时，已有借助古典今文经学中的思想观念表达复古革新的用意：

　　　　圣统已为刘秀篡，政家并受李斯殃。

　　　　大同道隐《礼经》在，未济占成《易》说亡。

　　　　良史无如两司马，传经只有一《公羊》。

　　　　群龙无首谁知吉？自有乾元大统长。①

---

　　① 康有为：《康南海先生诗集》，《康有为全集》第十二册，第175页。

诗中第一句中"圣统已为刘秀篡"说的是东汉以来的统治者，不明古典政治精义，忽略今文大法，反而推行古文经学。"政家并受李斯殃"则指的受李斯焚书多被后世误解为焚烧一切书，而忽略了其焚烧对象只限于民间，其根本目的是将施政和教化权力从民间收归国有，进以推行秦政。第二句中"大同道隐《礼经》在"，则是指康有为特别重视《礼记·礼运》篇中的大同三世说隐藏不明，亟须揭示。而"未济占成《易》说亡"则说的是《周易·未济》卦爻辞中"虽不当位，刚柔应也"一句，隐指孔子虽未居君主之位，但已有改制变法之意。后两句中"传经只有一《公羊》"和"自有乾元大统长"则是对《春秋公羊传》中强调经世强国的"大一统"思想的赞同。

康有为对古文经学的批判，和对今文经《公羊》学的推崇，集中反映在创作于万木草堂讲学期间的《新学伪经考》《孔子改制考》两部著作之中，其著在撰写过程中，得到陈千秋、梁启超和众草堂弟子的大力协助。据姜义华、张荣华考证，《新学伪经考》初刻于光绪十七年（1891），光绪二十年（1894）遭清政府禁毁。光绪二十四年（1898）戊戌变法时，康有为将《新学伪经考》和其所作《日本变政考》《俄彼得变政记》等著送呈光绪帝。随着变法失败，其著再度被禁毁。民国以后，又有万木草堂本（1917、1919），北京文化学社本（1931）、商务印书馆本（1936）存世。《新学伪经考》共十四篇，分

别为《秦焚六经未尝亡缺考》《史记经说足证伪经考》
《汉书艺文志辨伪》（上、下）、《汉书河间献王、鲁共
王传辨伪》《汉书儒林传辨伪》《汉书刘歆王莽传辨伪
考》《汉儒愤攻伪经考》《伪经传于通学成于郑玄考》
《后汉书儒林传纠谬》《经典释文纠谬》《隋书经籍志纠
谬》《伪经传授表》（上、下）、《书序辨伪》《刘向经
说足证伪考》。

康有为在《新学伪经考》中所提出的基本观点认为，
西汉末年的大儒刘歆假借孔子家壁中所出古文进行了伪书
创作，使得"六经"注疏系统颠乱，并把创制"六经"
的作者由孔子托名于周公，遮蔽了孔子以来儒家今文经学
传统及其树立的政治伦理观念不能明白于世。由于刘歆
伪经得到东汉郑玄肯定，使古文经学一跃成为中国经学的
主干，影响了后来的宋明理学与晚清汉学研究。《新学伪
经考》中提出了很多大胆假设和论证，如在《秦焚六经未
尝亡缺考》中认为"六经"焚于秦火的观点有误，而提出
秦所焚烧的书籍对象仅限于民间，官方仍然保留了"六
经"，其目的是"以愚百姓，使天下无以古非今"；《史
记经说足证伪经考》则提出"六经"在西汉传经系统完
备，《史记》对这一系统有着详细的记录，而到了《汉
书·艺文志》中，很多伪古文经说开始混入到"六经"的
注疏系统中来。在《汉书艺文志辨伪》中，康有为又具体
提出了刘歆所作《六艺略》有五大罪。第一条是批评刘歆

颠倒"'六经'之序"，康有为指出：

> 《诗》《书》《礼》《乐》《易》《春秋》之
> 序，孔子手定；孔门旧本，自《经解》《庄子》、
> 史迁无不以《诗》为首，《书》次之，《易》后于
> 《诗》《书》《礼》《乐》，而先于《春秋》，靡有
> 异说。而歆以《易》为首，《书》次之，《诗》又次
> 之。后人无识，咸以为法，自是《释文》《隋志》
> 宗之，至今以为定制。倒乱孔子"六经"之序，其
> 罪一。①

其二是认为"六经"文本完整，未遭焚书之难，而
刘歆作古文经以窜易"六经"原文。其三是认为西汉今文
家说传孔子大义，而刘歆斥责齐、鲁、韩三家说《诗经》
是"取杂说非本义"，批评公羊、谷梁两家说《春秋》是
"口说失真"，皆是诋毁真学。其四是批评刘歆标榜《尔
雅》，导致训诂形声之学兴起，涂塞学者耳目，使孔子制
作教养之文绝。其五则是批评刘歆篡改"六经"的作者：

> "六经"笔削于孔子，礼、乐制作于孔子，天
> 下皆孔子之学，孔子之教也。歆思夺之，于《易》

---

① 康有为：《新学伪经考》，《康有为全集》第一册，第413页。

则以为文王作上、下篇，于《周官》《尔雅》以为周公作。举文王、周公者，犹许行之托神农，墨子之托禹，其实为夺孔子之席计，非圣无法，大罪五。[①]

　　《孔子改制考》则是《新学伪经考》的姊妹篇，是康有为维新变法时期影响最大的一部著作，据康有为自言，此书在光绪十二年（1886）已开始属稿，光绪十五年（1889）、光绪十八年（1892）又先后请草堂弟子助编，光绪二十三年（1897）首次刊刻于上海，戊戌（1898）、庚子（1900）年先后两次被焚版禁行，民国年间再次刊行。全书分为二十一卷，收录二十一篇考证文章，分别为《上古茫昧无稽考》《周末诸子并起创教考》《诸子创教改制考》《诸子改制托古考》《诸子争教互攻考》《墨老弟子后学考》《儒教为孔子所创考》《孔子为制法之王考》《孔子创儒教改制考》《六经皆孔子改制所作考》《孔子改制托古考》《孔子改制法尧舜文王考》《孔子改制弟子时人据旧制问难考》《诸子攻儒考》《墨老攻儒尤甚考》《儒墨交攻考》《儒攻诸子考》《儒墨最盛并称考》《鲁国全从儒教考》《儒教遍传天下战国秦汉间尤盛考》《武帝后儒教一统考》。

　　从篇名答题可见，康有为在此书中，接续了《新学

---

① 康有为：《新学伪经考》，《康有为全集》第一册，第414页。

伪经考》中称孔子为制作"六经"的唯一作者的主要观点，并进一步提出孔子兼具"制法之王""新王""素王""文王""圣王""先王""后王""教主"等多重身份，其意图是推崇孔子为古今托古改制的代表。如在《六经皆孔子改制所作考》中，康有为提出："孔子为教主，为神明圣王，配天地，育万物，无人、无事、无义不围范于孔子大道中，乃所以为生民未有之大成至圣也。"又如在《孔子创儒教改制考》中，康有为再次提出：

> 凡大地教主，无不改制立法也。诸子已然矣。中国义理、制度，皆立于孔子，弟子受其道而传其教，以行之天下，移易其旧俗。若冠服、三年丧、亲迎、井田、学校、选举，尤其大而著者。①

康有为在进呈给光绪帝的《孔子改制考》序文中写道：

> 夫两汉君臣、儒生，尊从《春秋》拨乱之制而杂以霸术，犹未尽行也。圣制萌芽，新、歆遽出，

---

① 康有为：《孔子改制考》，中国人民大学出版社2010年版，第191页。

伪《左》盛行，古文篡乱。于是削移孔子之经而为周公，降孔子之圣王而为先师，公羊之学废，改制之义湮，三世之说微，太平之治，大同之乐，暗而不明、郁而不发……①

序中"三世之说微，太平之治，大同之乐，暗而不明、郁而不发"一句依据的正是公羊学中"据乱世、升平世、太平世"历史哲学观念。陈其泰在《清代公羊学》一书中指出，康有为在塑造孔子托古改制的圣人形象之外，"还把公羊三世说与历史进化观，以及资产阶级君主、民主学说都糅合起来，把资产阶级的民权、议院、选举、民主、平等，都附会到儒家学说上面，都说是孔子所创"②，其直接目的是为变法提供理论纲领。而政治之外，康有为的复古革新理论之所以给中国近现代转型中的社会思想文化等多领域造成了巨大影响，"不仅有哲学演变上的原因，而且是由于社会的、政治的与文化的历史发展多重深刻力量互相推动而必然形成的"③。

陈其泰认为："中国的哲学、政治、文化思想体系从17、18世纪起落后于西方，理学空谈、烦琐考据、

① 康有为：《孔子改制考》，第455—456页。

② 陈其泰：《清代公羊学》，上海人民出版社2011年版，第242页。

③ 陈其泰：《清代公羊学》，第243页。

科举制度、专制观念等严重禁锢着人们的头脑，阻碍着社会进步。必须在历史转折关头总结出新的命题，并且吸收西方先进学说，形成思想解放的潮流，发动一场政治上的变革。传统思想中，既有落后、陈腐的东西造成重负，又有新生的萌芽蕴含其中，公羊学说的变易观点、以经议政，就是具有民主性、科学性的精华，因而自龚自珍、魏源以来，就一再用对时代变动的新鲜总结为之注入新的生命，至康有为而达高峰。至19世纪末，中国被列强直接瓜分的大祸迫在眉睫，要救国，就必须结束专制制度，采用西方议会、立宪制度来实行政治的变革。而西方观念的输入，还必须在中国传统思想中找到其结合点，公羊学说专讲'微言大义'和'改制'的特点正好能容纳西方传入的新观念，因而恰逢时会，被康有为改造为发动戊戌变法运动的思想武器。"①

《新学伪经考》《孔子改制考》之后，康有为又陆续撰写了《春秋董氏学》（1896）、《礼运注》（1897）、《孟子微》（1901）、《中庸注》（1901）、《论语注》（1902）、《大同书》（1902）等著作，这些论著大都继续以公羊三世说理论为中心，结合中西政治哲学和制度改革观念进行思想上的诠释，论证了变法革新之必要性，其

---

① 陈其泰：《清代公羊学》，第258页。

大胆用思和广阔的学术视野使其著之影响不仅施加于现实政治，也体现在晚清民初的学术研究走向之上。汪荣祖指出："康之《改制考》《伪经考》《春秋董氏学》等著作……也为学术研究开辟了新的蹊径，一个疑古的典范，与民国以后的疑古学风，自有一脉相承的关系。顾颉刚读了《伪经考》与《改制考》之后，'对于长素先生这般的敏锐的观察力，不禁表示十分的敬意'，亦因而'产生了上古史靠不住的观念'。从此一自白可知，震动民国史坛的疑古辨伪学风，追根溯源，确实是受到康有为的启迪。"①

---

① 汪荣祖：《康章合论》，中华书局2008年版，第101页。

第六节　教化新民

　　1927年农历二月五日，万木草堂同学齐聚北京给康有为庆贺七十大寿，作为弟子代表，梁启超作《南海先生七十寿言》一文追忆三十七年前在广州长兴里万木草堂与众同学读书的情形，并回顾了追随康有为公车上书，办强学会，徙转海外的种种经历，称"戊戌以后之新中国，惟先生实手辟之"。十三天后，康有为逝世于山东青岛。

　　1900年因戊戌变法失败，梁启超避居日本，写就《南海康先生传》。传中梁启超评价其师道："康南海果如何之人物乎？吾以为谓之政治家，不如谓之教育家；谓之实行者，不如谓之理想者。一言蔽之，则先生者，先时之人物也。"又称其师："先生为进步主义之人，夫人而知之。虽然，彼又富于保守性质之人也，爱质最重，恋旧最切。故于古金石好之，古书籍好之，古器物好之，笃于故旧，厚于乡情。其于中国思想界也，谆谆以保存国粹为

言。盖先生之学，以历史为根柢。其外貌似急进派，其精神实渐进派也。吾知自今以往，新学小生，必愈益笑先生为守旧矣。虽然，苟如是，是中国之福也。"①

梁启超对康有为的评价，提出了"政治家""教育家""理想者""进步主义之人""守旧"等不同称谓，反映了康有为有别于同时代的学人的特殊性。尤其是康有为兼具创新与保守的思想特质，为时代学人的典型，而造成这种双重性的原因大致源于两方面。首先，康有为从童年至成年阶段所接受的是中国古典教育，其核心内容是以儒家正统经史之学与儒家道德伦理观念为中心的。其次，康有为所成长的时代环境又恰逢中国两千年未有之大变局，如何回应西学的冲击，成为学者必须面对的学术大考。相较同时代的士子学人，康有为既未选择全盘西化的道路，也未故步自封于中国古典学术的后花园里，他以开放的学术心态融粹中西学术，较早地吸取了西方科学、哲学文化、政治制度史等各方面学问，形成了广博的知识体系，进而在特殊的历史机缘之下，通过艰苦卓绝的努力，为国家社会提供振兴方案，造就了其在中国政治思想文化史上的地位。

就康有为思想的本质而言，他寻求的是一条复古革

---

① 梁启超：《南海康先生传》，夏晓虹编《追忆康有为》，第27—28页。

新的道路，亦可视为是一种经世的哲学。从其学术的根本关怀来看，实与其师朱九江不二，其核心旨趣不离中国文化，特别是儒学，并在树立文化自信的同时，完成兼容中西，去弊兴治，振兴学风，教化大众的目的。

梁启超指出，在康有为的哲学思想中，有四大主旨：一是博爱哲学，二是主乐哲学，三是进化哲学，四是社会主义哲学。其中博爱哲学，一言以蔽之，就是儒家的"仁"的哲学。康有为在民国初年自办《不忍》杂志，在发刊词自言有"十不忍"，分别是："睹民生之多艰，吾不能忍也；哀国土之沦丧，吾不能忍也；痛人心之堕落，吾不能忍也；嗟纪纲之亡绝，吾不能忍也；视政治之腐败，吾不能忍也；伤教化之陵夷，吾不能忍也；见法律之蹂躏，吾不能忍也；睹政党之争乱，吾不能忍也；慨国粹之丧失，吾不能忍也；惧国命之亡分，吾不能忍也。"①

康有为所言的"不忍"即是孟子所言"不忍人之心"，是儒家基于普遍人性进而扩充到全体人类的同理心与同情心。在康有为看来，儒家"仁"的哲学最可贵之处，是为现世大众提供了一种精神归属，这使得中华文明可以与西方文明的博爱精神、印度文明中佛教的慈悲观念相互沟通。康有为后来进一步尝试将儒家仁以博爱的精神

---

① 康有为：《〈不忍〉杂志序》，《〈不忍〉杂志汇编》第一册，广西师范大学出版社2016年版，第27页。

特质以宗教形式推广，此即为孔教运动。

康有为曾作两篇《孔教会序》，在其先序中提出："夫国所与立，民生所依，必有大教为之桢干，化于民俗，入于人心，奉以行止，死生以之，民乃可治。此非政事所能也。否则皮之不存，毛将焉傅［附］？中国立国数千年，礼义纲纪，云为得失，皆奉孔子之经。若一弃之，则人皆无主，是非不知所定，进退不知所守，身无以为身，家无以为家，是大乱之道也。即国大安宁，已大乱于内，况复国乱靡定乎？恐教亡而国从之。"又在其次序中提出："今之谬慕欧美者，亦知欧美今所以盛强，不徒在其政治，而有物质为之耶？欧美所以为人心风俗之本，则更有教化为之耶？政治教化之与物质，如鼎之足峙而并立。教化之与政治，如车之双轮而并驰，缺一不可者也。"①

在康有为看来，政治之外，教化的昌盛是国家兴盛重要标志，而无论是犹太文明还是印度文明，二者之所以能够在国家遭遇外敌入侵灭亡之后，其民族仍长立世界文明之林，原因在于其文明之中形成了强大的宗教制度和相关的教化系统，而中国文化历数千年形成的文明教化一直未能形成一种力量强大的宗教力量，而唯有孔子代表的儒家

---

① 康有为：《孔教会序》，《〈不忍〉杂志汇编》第一册，第254页。

文化最能代表中国文化，故而有必要以宗教实体的形式将其呈现，进而在增强国民的文化认同的同时，也能在国家对抗、民族冲突中使中华文明存留火种。

康有为将儒学宗教化的举措与辛亥革命成功以后围绕新的中国要树立怎样一种新的文化观的思考有关。干春松指出："1911年中华民国成立，这意味着王朝天下向现代民族国家的转变，康有为一直担心民族主义所带来的国家分裂。所以，在民国建立之后，他着力推进孔教会的建立，以此组织来推进多民族融合成为一个国族，即中华民族。"①

博爱哲学之外，康有为的主乐哲学对应的也是儒家的现世精神。康有为认为，相较基督教和佛教将乐寄托于身后的天国之乐和涅槃之乐而言，儒家的大同思想、公羊三世说都强调通过个人和集体的奋斗改变现实社会，其所追求的是有形世界的福祉。而康有为的进化哲学与社会主义哲学观念集中体现在《大同书》一书中。据《康有为自编年谱》记载，《大同书》的创作的基本构想可追溯至早年创作《人类公理》《实理公法全书》时期。后在逐步思考中反复调整修改，一直秘而未出，直至1913年才第一次发表在《不忍》杂志上。

---

① 干春松：《康有为与儒学的"新世"》，华东师范大学出版社2015年版，第150页。

《大同书》反映了康有为在过往固有的儒家本位观念的基础上，将接触到的西学中哲学、政治、社会学理论和《礼运》篇中大同说和《公羊春秋》中三世说、西方进化论、空想社会主义等思想内容相结合，试图描绘出一幅人类理想社会的终极蓝图。梁启超在《清代学术概论》中将《大同书》中的内容概括为十三主题，分别是："（1）无国家。全世界置一总政府，分若干区域。（2）总政府及区政府皆由民选。（3）无家族。男女同栖不得逾一年，届期须易人。（4）妇女有身者入胎教院，儿童出胎者入育婴院。（5）儿童按年入蒙养院及各级学校。（6）成年后由政府指派分任农工等生产事业。（7）病则入养病院，老则入养老院。（8）胎教、育婴、蒙养、养病、养老诸院，为各区最高之设备，入者得最高之享乐。（9）成年男女，例须以若干年服役于此诸院，若今世之兵役然。（10）设公共宿舍、公共食堂，有等差，各以其劳作所入自由享用。（11）警惰为最严之刑罚。（12）学术上有新发明者及在胎教等五院有特别劳绩者，得殊奖。（13）死则火葬，火葬场比邻为肥料工厂。"

作为康有为戊戌变法革命时期最得力的弟子和助手，梁启超对待其师的大同思想能够从思想的深度和其思想的来源予以客观评析，他认为其师的大同主张："以为众生本一性海，人类皆为同胞。由妄生分别相故，故惟顾己之乐，而不顾他之苦，常以己之自由，侵人之自由，相侵不已，相报复不已，而苦恼之世界成焉。人私其身，家私其家，群私其群，国私其国，谋用是作，兵由此起，一切苦恼，永无穷极。欲治其本，不可不以宗教精神为归宿；而其下手之方法，不可不务国家改良、家族改良、社会改良。盖先生之为此学说，非徒欲施之一国，而将以施之天下；又非欲行之于现在，而欲行之于将来。质而言之，则其博爱、主乐、进化之三大主义，所发出之条段也。"①

梁启超评价中"非欲行之于现在，而欲行之于将来"一句一方面符合梁启超对其师"理想者"的评价，另一方面也隐约表达了梁启超认为大同理想暂时不能作为解决当下中国经世之需的首要任务。诚然，《大同书》中对理想社会的描述无疑与晚清民初混乱的政局形成鲜明对比，而在对待辛亥革命之后新中国的文化建设，特别是在如何教化新民这一问题上，师徒二人也有着不同考量。如康有为提出将儒家宗教化的做法，梁启超便在私下的书信中认为此举并非当下中国新民教化最迫切之事："弟子以为欲救今日之中国，莫急于以新学说变其思想，然初时不可不有所破坏，孔学之不适于新世界者多矣，而更提倡保之，是北行南辕也。"②

---

① 梁启超：《南海康先生传》，夏晓虹编：《追忆康有为》，第17页。

② 梁启超：《梁启超致康有为》（1902年5月），《康有为往来书信集》，中国人民大学出版社2012年版，第592页。

　　在1902年至1906年《新民丛报》上连载的《新民说》中，梁启超提出以"新民"为第一要务的口号，他从"论公德""论国家思想""论进取冒险""论权利思想""论自由""论自治""论进步""论自尊""论合群""论生利分利""论毅力""论义务思想""论尚武""论私德""论民气""论政治能力"等多个方面申明向西方学习先进的文化思想制度的必要性，与此同时，又提出对待传统文化也应该保存其精华，去其糟粕，从而做到"淬厉其所本有"和"采补齐所本无"。①张灏指出："梁（启超）的思想发展可被看作是儒家经世致用这一古老传统和寻求现代思想新方向之间的一个重要的思想纽带。"②他与其师在新民教化思想和实践活动反映了近代中国学人治学视野不断开拓进取，在努力阐释、发扬中国文化的同时，勇于以人类普遍真理为奋斗目标，化新民，使中国立足于世界之林。

---

　　① 梁启超：《新民说》，辽宁人民出版社1994年版，第7页。
　　② 张灏：《梁启超与中国思想的过渡》，江苏人民出版社1993年版，第211页。

结语：经师无愧是人师

今日走入朱九江先生的故乡南海九江镇九江中学朱九江先生纪念堂，我们能看到一幅由民国著名书法家于右任先生于朱九江先生诞辰一百五十周年之际为纪念堂题写的书法匾额——"经师人师"。"经"是中国古典学术一个重要主题，"经师"自然是指毕生以传授经学为事业的学者。

经学在中国古典传统中原本兼具教化和经世指导双重功能，汉代以后，逐渐形成了以解释经典为中心的庞大解经体系，其中又以汉学、宋学为最重要的两个传统。皮锡瑞在其经学史研究名著《经学历史》中称清代为经学研究的"复盛时代"，可见经学在清代学术研究中的重要地位。

作为经学鼎盛时代的见证者，朱次琦幼年时代游学于乾嘉经学魁首阮元的幕府之中，青年时又先后在岭南四

大书院中的越华书院、羊城书院接受教育。当时经学研究虽然已较清初只重视"四书"的风气逐渐回归，拓展到"五经"、廿二史兼及诸子、地理、历算等多学科研究领域，然而以八股取士，为做官而读书，仍然是社会的普遍风气。

嘉庆、道光道年间，经济衰退，吏治败坏，百姓苦于盗难和苛税，加之西人觊觎中华，国家充斥内忧外患。究其原因，一方面自然源于清廷在政治上的腐败与无能，但是另一方面，也有士人阶层沉醉于经典考据世界，不顾世事，造成经世人才紧缺，教化败坏等深层因素。当学林之中，学者动辄以门户之见自居，学术真理何去何从？经世致用在此时成为有识之士最为关切的话题。

朱次琦作为这股思潮中的一分子，他以重新回归孔子之学为治学立身的目标。在朱次琦看来，孔子以来的儒学所强调的根本精神，其本在于教化与经世。宋学说性言理、通达天道；汉学训诂考据，讲究证据；二者其本来目的，都是为了让士子通过对经学认知，更好地理解、学习古人治世与修身的经验。然而乾隆、嘉庆以来的学术风气，显然与此相悖离。

徐复观先生有道："以考据为专门之学，的确是出自乾嘉学派。但他们在以汉学打宋学的自设陷阱中，不仅不了解宋学，且亦不了解汉学。更糟的是，他们因为反宋学太过，结果反对了学术中的思想，既失掉考据应有的旨归，也失掉考据历程中重要的凭藉，使考据成为发挥主观意气的工具。"[1]

张循则指出："清代的汉宋之争通常被作为'学术思想'的问题来处理，这自有其充分的根据。但有时候汉宋之争却未必与严格的'学术思想'的相关涉。汪士铎曾感慨其时为学有五难：'好学难、聚书难、身心闲暇难、无汉宋之意见难、求友难。'从中透露出一个信息，即如何处理'汉宋之意见'几乎是当时的求学之士们皆须面对的难题，而并非已经学有所成的汉学家或宋学家才争论的问题。郑珍也说：'吾见宗宋学者交攻汉学，问其曾见汉儒书几家，而不能举也；见有宗汉学者交攻宋学，问其曾读宋儒书几种，而不能言也。'"[2]

同治、光绪年间的国家政局进一步恶化，社会动荡，朱次琦对时事艰难感到了巨大哀叹与震痛："滇之外徼，英人马加利死焉，山苗戕之也，英人布七事而抵，其人主者，弗与争也。先生论其事，手书存之，其终曰：'夷情无厌，得寸入尺，我既弱如此，彼之要求，将何可问？《易》所谓：'自我致戎，又谁咎也。'"[3]而当时的士

---

① 徐复观：《中国思想史论集续编》，上海书店2004年版，第7页。

② 张循：《不读汉宋书，也争汉宋学：清代汉宋之争"风气"的形成》，《明清史》2011年第3期。

③ 朱次琦：《论马加利事》，《朱次琦集》，第138页。

风又是怎样的呢？朱先生说："今之子弟所志者，科名而已。所力者，八股、八韵、八法而已。故今之谓佳子弟，皆古之所谓自暴自弃之尤者也。"①

钱穆认为，朱次琦提出"使孔子之道，大著于天下"以及"治孔子之学，无汉学，无宋学"的论断实为"大见解"，"非深识儒学大统者，不易语此也"。②钱穆先生对朱次琦的这种认识显然是从学理的角度出发而得，而我们若从现实的角度来看，朱次琦提出回归朱子之学和孔子之学，则实是对"成仁之士"和经世之材的热切渴求，是对时事的一种正面应对。

晚年朱次琦更是对学风进一步败坏及社会上出现大量品行低劣学人的现象深恶痛绝："天下之扰甚矣，其端由吏治之污，居恒舆马服玩声色之好，奢丽百出，且复丰于献纳，侈于酬应，谓之开展。若而人者，皆非腰缠入官者也，一取之于民，而凡丁胥豪猾，倚势作威，又喜言官娄受赇，以恫吓其民，而放其无涯之欲，日朘月削，怨府毒深，群相敌雠，横流遂溃，此方今之大患也。"③

---

① 简朝亮编：《朱九江先生集·年谱》，《朱次琦集》，第39页。

② 钱穆：《朱九江学述》，《中国学术思想史论丛（八）》，东大出版社2006年版，第53页。

③ 简朝亮编：《朱九江先生集·年谱》，《朱次琦集》，第49页。

　　回顾朱次琦的一生，我们能看到中国传统文化中所谓士的精神。十八岁参加院试，有富家子弟以金条求其捉刀，不纳；二十二岁第一次参加乡试，以朱子"非科举累人，人自累耳"之言自勉；三十二岁纳金即可推为邑学优等，不赴；三十三岁，行将北行会试，立下"人必思所以自居，衎衎度日，生无益于时，死无闻于后，虽活百年，犹殇子尔"之志向；四十一岁得殿试，以屈节故，未完卷便起身离场，仍中进士；四十四岁赴任山西，备经世书籍，以游学代游宦；四十六岁，蒙古民乱，卒用藏事，平息纷争；四十七岁官任襄陵，击大囚，灭狼害，百日赢得"后朱子"之誉；四十八岁捻乱将临，上策，不得用，遂意南归；四十九岁，典裘返岭，屡召不出，绝名利之事，讲学著述，不与人书，敦厚乡俗，终身以教化为己任。

　　九江学派三代学人，从简朝亮、康有为，再到黄节、邓实、梁启超，其学术个性各异，治学成就方面也是各擅胜场。梁启超曾经自言与其师在政治理念上的差异："启超既日倡革命排满共和之论，而其师康有为深不谓然，屡责备之，继以婉劝，两年间函扎数万言。启超亦不慊于当时革命家之所为，惩羹而吹齑，持论稍变矣。"又自言治学和应事也与其师大有所异："启超与康有为最相反之一点，有为太有成见，启超太无成见。其应事也有然，去治学也亦有然。有为常言：'吾学三十岁已成，以后不复有

217

进，亦不必求进。'启超不然，常自觉其学未诚，且忧其不成，数十年日在旁皇中求索中。故有为之学，在今日可以论定；启超之学，则未能论定。"①

黄节、邓实在晚清主持《国粹学报》，也因倡导排满革命与其师简朝亮观点相左；在经学诠释方面，简朝亮坚持汉宋兼采，以朱子理学表彰的经学观念为准则，邓实、黄节则多站在诸子学视野批判经学中的君臣观念，提出迎合现代性的新民观。然而这些论学上差异，并不能掩盖九江学人对于九江教化与经世之旨的共同体悟："九江而后，岭南讲学之风浸衰，近十年来，西方学说输入我国，吾粤被之独早。学者怵于万有新奇之论，即结舌而不敢言。其言者不出于锢蔽，即出于附会。锢蔽固非，附会尤失。嗜新之士，复大倡功利之说，以为用即在是，循是而叫嚣不已。吾恐不唯名节道德扫地而尽，即寸札短文求之弱冠后生，将亦有不能办者。乌乎！国学之亡，可立而待，宁独岭南一隅，而为是哀也。"②

1935年黄节逝世于北京，《学衡》发起人吴宓以弟子身份撰写了《最近逝世之中国诗学宗师：黄节先生学述》，文中这样描述黄节对自己的启发和教导："黄节先生生平以诗为教，盖将以正民志，立国本。由陶冶个人

---

① 梁启超：《清代学术概论》，第70页。
② 黄节：《岭学源流》，《国粹学报》1908年第三号，总第四十期，第4491页。

性情，进而淬厉道德，改善风俗。期以明耻笃行，尚勇合群，以保我国家民族之生命，而绵续先哲教化之德泽。诚今之人师也。"①

对美德和伦理的追求，对学风、士风的反省，对旧学新知的融粹，对以暴凌弱、恶败政治的顽强反抗，以及为创造美好世界的不懈努力，最终彰显了九江学派的宗旨，那就是：不只为经师，亦要为人师。

---

① 吴宓：《最近逝世之中国诗学宗师：黄节先生学述》，《大公报》1935年1月27日。

附录：九江学派主要著述

朱次琦

《国朝名臣言行录》

《五史实征录》

《晋乘》

《国朝逸民传》

《性学源流》

《蒙古闻见录》

《朱氏传芳集》

《南海九江朱氏家谱》

《九江儒林乡志》

《是汝诗斋诗》

《朱九江先生集》

《朱九江先生论史口说》

《朱子襄先生讲义》

《朱九江先生经说》

《朱九江先生谈诗》

《朱九江先生论书》

老鹤年

《帝王事纪汇考》

《老氏家谱》

梁金韬

《爱古堂文集》

《爱古堂诗集》

潘誉徵

《光绪南海县志》

《清芬集》

张品桢

《清修阁稿诗文》

《清修阁文稿》

《清修阁文草续编》

何炳堃

《宣统南海县志》

《续桑园围志》

《介石斋诗文集》

凌鹤书

《瀛海论笺正》

《海阔天空簃诗钞》

罗传瑞

《中外大略》

《小湖山堂诗文集》

《时务粹精六种》

《范文正公政府奏议》

《李忠定公奏议十五卷》

《江陵书牍十二卷》

林　荃

《四礼从宜》

梁绍熙

《经学源流大义》

简朝亮

《读书堂集》

《读书草堂明诗》

《顺德简氏简岸家谱》

《粤东简氏大同谱》

《尚书集注述疏》

《论语集注补正述疏》

《孝经集注述疏》

《礼记子思子言郑注补正》

《酌加毕氏续资治通鉴论》

《朱子大学章句释疑》

《毛诗说集传》

康有为

《教学通义》

《新学伪经考》

《孔子改制考》

《论语注》

《孟子微》

《中庸注》

《礼运注》

《春秋董氏传》

《春秋笔削大义微言考》

《康子内外篇》

《毛诗礼征》

《实理公法全书》

《广艺舟双楫》

《诸天讲》

《长兴学记》

《万木草堂口说》

《日本书目志》

《日本变政考》

《波兰分灭记》

《大同书》

《官制议》

《欧洲十一国游记》

《物质救国论》

《金主币救国议》

《南海康先生诗集》

邓　实

《国粹丛书》（与黄节编）

《美术丛书》（与黄宾虹编）

《风雨楼丛书》

《皇朝政治文钞》

《西政丛钞》

《政学文编》

《艺学文编》

《禁书目录》

《风雨楼秘笈存真》

《史学通论》

《政治通论》

《古学汇刊》

《神州国光集》

《神州大观》

邓　方

《小雅楼诗文集》

黄　节

《国粹丛书》（与邓实编）

《屈翁山先生年谱》

《论陆象山之学》

《蒹葭楼诗钞》

《诗学》

《诗律》

《诗学源流》

《汉魏乐府风笺》

《曹氏父子诗注》

《谢康乐诗注》

《阮步兵咏怀诗注》

《鲍参军诗注》

《顾亭林诗注》

《中国文学史》

《周秦诸子学》

《中国史学通义》

《中国通史》

《粤东学术史源流》

《古诗歌读本》

《广东历史教科书》

《广东乡土格致教科书》

《广东乡土地理教科书》

《梦蝶诗存》

张启煌

《殷粟斋文集》

《学门述要》

《五经述训》

《孟子讲义》

《四书文法》

《民国开平县志》

岑光樾

《鹤禅集》

伍　庄

《经学通论》

《国学概论》

《中国民主主义》

《美国游记》

《梦蝶文存》

梁启超

《变法通义》

《立宪法议》

《各国宪法异同论》

《宪政浅说》

《中国国会制度私议》

《责任内阁释义》

《少年中国说》

《中国积弱溯源论》

《中国史叙论》

《南海康先生传》

《论中国学术思想变迁之大势》

《中国改革财政私案》

《外资输入问题》

《中国货币问题》

《币制条议》

九江学派
晚清思想标本

《外债平议》

《国民筹还国债问题》

《制标财政策》

《中国古代币材考》

《新史学》

《格致学沿革考略》

《保教非所以尊孔论》

《中国专制政治进化史论》

《生计学学说沿革小史》

《论希腊古代学术》

《近世文明初祖二大家之学说》

《近世第一大哲康德之学说》

《世界将来之大势论》

《论中国国民之品格》

《中国法理学发达史论》

《论中国成文法编制之沿革得失》

《开明专制论》

《世界史上之广东位置》

《俄罗斯革命之影响》

《中国外交方针私议》

《清代学术概论》

《中国近三百年学术史》

徐　勤

《春秋中国夷狄辨》

曹　泰

《纬书言天》

《轮回之说考》

《万国公政说》

《佛教平等义》

韩文举

《近世中国秘史》

《树园先生遗集》

麦孟华

《英国宪法史》（译作）

《蜕庵诗词》

《粤两生集》

陈焕章

《孔教论》

《孔门理财学》

黄棣华

《负暄山馆古今联话》

《知稼穑斋大连采风吟草》

《负暄山馆游草诗》

《负暄山馆十五省纪游诗钞》

《负暄山馆六十纪事诗钞》

《负暄山馆诗草》

黄肇沂

《芋园诗稿》

《北江游草》

《天玺楼诗词》

简咏述

《师韩诗文集》

胡熊锷

《偕隐簃诗稿》

《偕隐簃乱吟草》

参考文献

朱次琦、朱宗琦编纂：《南海九江朱氏家谱》，同治八年（1869）刊刻本。

朱次琦著，李辰编校：《朱次琦集》，上海古籍出版社2020年版。

朱次琦、朱宗琦编纂：《九江儒林乡志》，光绪九年（1883）刊刻本。

简朝亮：《读书堂集》，香港大学图书馆藏刊刻本，1930年。

简朝亮：《读书草堂明诗》，1929年刊刻本。

简朝亮：《尚书集注述疏》，上海古籍出版社1996年版。

简朝亮：《论语集注补正述疏》，北京图书馆出版社2007年版。

简朝亮：《孝经集注述疏》，华东师范大学出版社

2011年版。

康有为著，楼宇烈整理：《康有为自编年谱》，中华书局1992年版。

康有为著，楼宇烈整理：《长兴学记 桂学答问 万木草堂口说》，中华书局1988年版。

康有为著，楼宇烈整理：《康子内外篇》，中华书局1988年版。

康有为：《新学伪经考》，中国人民大学出版社2010年版。

康有为：《孔子改制考》，中国人民大学出版社2010年版。

康有为：《〈不忍〉杂志汇编》，广西师范大学出版社2016年版。

康有为著，姜义华、张荣华编：《康有为全集》，中国人民大学出版社2007年版。

康有为著，姜义华、张荣华编：《康有我往来书信集》，中国人民大学出版社2012年版。

康有为著，蒋贵麟编：《康有为编注：康氏先世遗诗先师九江佚文》，台北成文出版社1983年版。

梁启超著：《饮冰室合集》，中华书局1989年版。

梁启超著：《梁启超论清学史两种》，复旦大学出版社1985年版。

梁启超著：《新民说》，辽宁人民出版社1994年版。

邓实、黄节编：《国粹学报》，广陵书社2006年版。

丁文江、赵丰田编：《梁启超年谱长编》，上海人民出版社2009年版。

许衍董、汪宗衍编：《广东文徵续编》，广东人民出版社2018年版。

刘熽芳：《朱子襄先生讲义》，光绪十年（1884）年刊刻本。

李巽仿编：《松桂堂集》，1983年，香港中文大学新亚书院馆藏刊刻本。

谢兰生著，李若晴编：《常惺惺斋日记》（外四种），广东人民出版社2014年版。

曾钊：《面城楼集钞》，光绪十二年（1886）刊刻本。

王筠：《清诒堂文集》，齐鲁书社1987年版。

劳潼编：《冯潜斋先生年谱》宣统三年（1911）刊刻本。

张廷玉等：《明史》，中华书局1974年版。

朱熹：《四书章句集注》，中华书局1983年版。

戴震：《戴震全集》，黄山书社2010年版。

梁廷枏：《越华纪略》，道光十二年（1843）刊刻本。

容肇祖：《学海堂考》，《岭南学报》第3卷第4期，1934年。

刘伯骥：《广东书院制度沿革》，商务印书馆1935年版。

赵所生、薛正兴编：《中国历代书院志》，江苏教育出版社1995年版。

广州市越秀区地方志办公室：《广州越秀古书院概观》，中山大学出版社2002年版。

商衍鎏：《清代科举考试述录》，三联书店1958年版。

刘师培：《清儒得失论》，中国人民出版社2004年版。

胡适：《胡适文集》北京大学出版社2013年版。

姚用朴：《旧闻随笔》，安徽古籍出版社1989年版。

陈柱：《尚书论略》，商务印务馆1924年版。

钱仲联编：《清诗纪事》，凤凰出版社2004年版。

陈其泰：《清代公羊学》，上海人民出版社2011年版。

汪荣祖：《康章合论》，中华书局2008年版。

张灏：《梁启超与中国思想的过渡》，江苏人民出版社1993年版。

钱穆：《中国学术思想史论丛（八）》，台湾东大图书股份有限公司2006年版。

徐复观：《中国思想史论集续编》，上海书店出版社2004年版。

朱万章：《岭南书法》，广东人民出版社2004年版。

丁宝兰等：《岭南历代思想家评传》，广东人民出版社1985年版。

李锦全、冯达文等：《岭南思想史》，广东人民出版社1993年版。

景海峰、黎业明编：《岭南思想与明清学术》，上海古籍出版社2017年版。

谢光辉、刘春喜编：《商衍鎏、商承祚藏朱次琦康有为信札》，文物出版社2008年版。

蒋志华：《晚清醇儒朱次琦》，广东人民出版社2007年版。

张纹华：《朱次琦研究》，广东高等教育出版社2012年版。

张纹华：《简朝亮研究》，广东高等教育出版社2013年版。

夏晓虹编：《追忆康有为》，三联书店2009年版。

干春松：《康有为与儒学的"新世"》，华东师范大学出版社2015年版。

何文平：《变乱中的地方权势——清末民初广东的匪盗问题与社会秩序》，广西师范大学出版社2011年版。

桑兵、关晓红编：《"教"与"育"的古今中外》，上海人民出版社2020年版。

张国冀：《清嘉庆、道光时期政治危机研究》，湖南大学博士学位论文，2011年。

关殊钞、余敏佳编：《礼山草堂行谊辑述》，旅港九江商会，1976年。

何子忠：《礼山草堂绪余》，香港何氏山房，1984年。

朱九江先生纪念堂管理委员会编：《景贤撮录——朱九江先生纪念堂专辑》，2004年。

朱九江先生纪念堂管理委员会编：《朱九江先生诞辰二百周年纪念特刊》，2007年。